# もくじ

## こくご


① ひらがな① …… 3
② ひらがな② …… 4
③ ひらがな③ …… 5
④ ひらがな④ …… 6
⑤ 「は・を・へ」の　つかいかた …… 7
⑥ カタカナ① …… 8
⑦ カタカナ② …… 9
⑧ カタカナ③ …… 10
⑨ ひらがなと　カタカナ …… 11
⑩ ぶんの　くみたて …… 12
⑪ ぶんしょうの　よみとり① …… 13
⑫ ぶんしょうの　よみとり② …… 14
⑬ まる(。)・てん(、)・かぎ(「」) …… 15
⑭ かん字の　よみかき① …… 16
⑮ かん字の　よみかき② …… 17
⑯ かん字の　よみかき③ …… 18
⑰ かん字の　よみかき④ …… 19
⑱ かん字の　よみかき⑤ …… 20
⑲ いろいろな　ことば① …… 21
⑳ かんじの　よみかき⑥ …… 22
㉑ かん字の　よみかき⑦ …… 23
㉒ かん字の　よみかき⑧ …… 24
㉓ 文しょうの　よみとり③ …… 25
㉔ 文しょうの　よみとり④ …… 26
㉕ 日づけと　よう日 …… 27
㉖ いろいろな　ことば② …… 28
㉗ かん字の　できかた …… 29
㉘ まちがえやすい　かん字 …… 30
㉙ こくご　そうしあげ① …… 31
㉚ こくご　そうしあげ② …… 32


## さんすう


① 5までの　かず …… 33
② 10までの　かず …… 34
③ なんばんめ …… 35
④ いくつと　いくつ …… 36
⑤ あわせて　いくつ …… 37
⑥ ふえると　いくつ …… 38
⑦ のこりは　いくつ …… 39
⑧ ちがいは　いくつ …… 40
⑨ 0と　いう　かず・0の　けいさん …… 41
⑩ 20までの　かず …… 42
⑪ 20までの　かずの　けいさん …… 43
⑫ なんじ・なんじはん …… 44
⑬ ながさくらべ …… 45
⑭ ひろさくらべ …… 46
⑮ かさくらべ …… 47
⑯ 3つの　かずの　けいさん① …… 48
⑰ 3つの　かずの　けいさん② …… 49
⑱ くりあがりの　ある　たしざん① …… 50
⑲ くりあがりの　ある　たしざん② …… 51
⑳ くりさがりの　ある　ひきざん① …… 52
㉑ くりさがりの　ある　ひきざん② …… 53
㉒ 大きい　かず …… 54
㉓ 大きい　かずの　けいさん …… 55
㉔ なんじなんぷん …… 56
㉕ ずを　つかって　かんがえよう① …… 57
㉖ ずを　つかって　かんがえよう② …… 58
㉗ いろいろな　かたち …… 59
㉘ おなじ　かずずつ　わけて　くばろう …… 60
㉙ さんすう　そうしあげ① …… 61
㉚ さんすう　そうしあげ②


## せいかつ


① がっこうを　たんけんしよう！ …… 63
② つうがくろを　たんけんしよう！ …… 64
③ はると　なつの　こうえんで　みつけよう！ …… 65
④ あきと　ふゆの　こうえんで　みつけよう！ …… 66
⑤ じぶんで　できるよ！ …… 67
⑥ もうすぐ　2年生！ …… 68

もくじ ……
とくてんひょう
答え＆アドバイ

# とくてんひょう

## こくご

| | | | | | | | |
|---|---|---|---|---|---|---|---|
| ① | 月 | 日 | ／100てん | ⑯ | 月 | 日 | ／100てん |
| ② | 月 | 日 | ／100てん | ⑰ | 月 | 日 | ／100てん |
| ③ | 月 | 日 | ／100てん | ⑱ | 月 | 日 | ／100てん |
| ④ | 月 | 日 | ／100てん | ⑲ | 月 | 日 | ／100てん |
| ⑤ | 月 | 日 | ／100てん | ⑳ | 月 | 日 | ／100てん |
| ⑥ | 月 | 日 | ／100てん | ㉑ | 月 | 日 | ／100てん |
| ⑦ | 月 | 日 | ／100てん | ㉒ | 月 | 日 | ／100てん |
| ⑧ | 月 | 日 | ／100てん | ㉓ | 月 | 日 | ／100てん |
| ⑨ | 月 | 日 | ／100てん | ㉔ | 月 | 日 | ／100てん |
| ⑩ | 月 | 日 | ／100てん | ㉕ | 月 | 日 | ／100てん |
| ⑪ | 月 | 日 | ／100てん | ㉖ | 月 | 日 | ／100てん |
| ⑫ | 月 | 日 | ／100てん | ㉗ | 月 | 日 | ／100てん |
| ⑬ | 月 | 日 | ／100てん | ㉘ | 月 | 日 | ／100てん |
| ⑭ | 月 | 日 | ／100てん | ㉙ | 月 | 日 | ／100てん |
| ⑮ | 月 | 日 | ／100てん | ㉚ | 月 | 日 | ／100てん |

## さんすう

| | | | | | | | |
|---|---|---|---|---|---|---|---|
| ① | 月 | 日 | ／100てん | ⑯ | 月 | 日 | ／100てん |
| ② | 月 | 日 | ／100てん | ⑰ | 月 | 日 | ／100てん |
| ③ | 月 | 日 | ／100てん | ⑱ | 月 | 日 | ／100てん |
| ④ | 月 | 日 | ／100てん | ⑲ | 月 | 日 | ／100てん |
| ⑤ | 月 | 日 | ／100てん | ⑳ | 月 | 日 | ／100てん |
| ⑥ | 月 | 日 | ／100てん | ㉑ | 月 | 日 | ／100てん |
| ⑦ | 月 | 日 | ／100てん | ㉒ | 月 | 日 | ／100てん |
| ⑧ | 月 | 日 | ／100てん | ㉓ | 月 | 日 | ／100てん |
| ⑨ | 月 | 日 | ／100てん | ㉔ | 月 | 日 | ／100てん |
| ⑩ | 月 | 日 | ／100てん | ㉕ | 月 | 日 | ／100てん |
| ⑪ | 月 | 日 | ／100てん | ㉖ | 月 | 日 | ／100てん |
| ⑫ | 月 | 日 | ／100てん | ㉗ | 月 | 日 | ／100てん |
| ⑬ | 月 | 日 | ／100てん | ㉘ | 月 | 日 | ／100てん |
| ⑭ | 月 | 日 | ／100てん | ㉙ | 月 | 日 | ／100てん |
| ⑮ | 月 | 日 | ／100てん | ㉚ | 月 | 日 | ／100てん |

## せいかつ

| | | | | | | | | | | | |
|---|---|---|---|---|---|---|---|---|---|---|---|
| ① | 月 | 日 | ／100てん | ③ | 月 | 日 | ／100てん | ⑤ | 月 | 日 | ／100てん |
| ② | 月 | 日 | ／100てん | ④ | 月 | 日 | ／100てん | ⑥ | 月 | 日 | ／100てん |

# 1 ひらがな①

なまえ

月　日

こたえ→69ページ

とくてん　／100てん

テストなおし　100／100てん

**1** えに　あう　ことばに　○《まる》を　つけましょう。

1もん10てん〔50てん〕

① 

- いえ
- りえ

② 

- れに
- わに

③ 

- かめ
- かぬ

④ 

- ほさみ
- はさみ

⑤ 

- くろま
- くるま

**2** えに　あう　いちじの　ことばを、ひらがなで　かきましょう。

1もん10てん〔20てん〕

① 

② 

**3** えに　あう　ことばに　なるように、「う・ん・こ」の　どれかを　かきましょう。

1もん10てん〔30てん〕

① 

□ちわ

② 

た□

③ 

ふと□

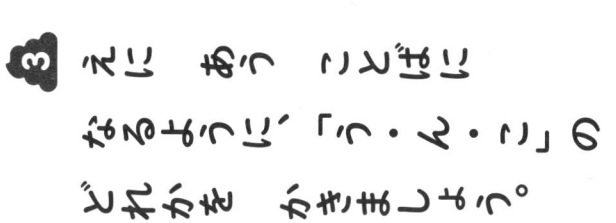

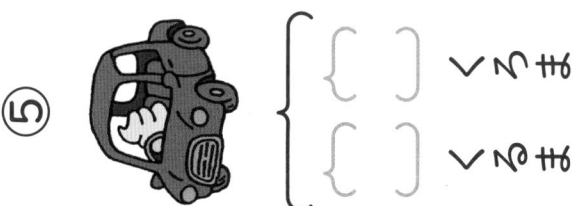

こくご

# 2 ひらがな②

なまえ　月　日

こたえ→69ページ

テスト なおし 100／100てん　とくてん ／100てん

**1** えに あう ことばに ○《まる》を つけましょう。 ーもん10てん〔30てん〕

① 
めかね
めがね

② 
ぶた
ふた

③ 
たんぼぼ
たんぽぽ

**2** 「゛《てんてん》」を じに かいて、えに あう ことばに しましょう。 ーもん10てん〔20てん〕

① 
さる

② 
まと

**3** えに あう ことばに なるように、ひらがなを かきましょう。 ーもん10てん〔30てん〕

① 
□うし

② 
ひつ□

③ 
えん□つ

**4** 「゛《てんてん》」か「。《まる》」を じに かいて、ただしい ぶんに しましょう。 ーもん10てん〔20てん〕

① いえの かきを しめてから うんこを した。

② せんぷうきの かぜで うんこが とんで いった。

こくご

# 3 ひらがな③



なまえ

とくてん　/100てん

テストなおし　100/100てん

**1** えに　あう　ことばに　○《まる》を　つけましょう。　1もん10てん〔20てん〕

① 
{ ( ) はつぱ　( ) はっぱ }

② 
{ ( ) まっげ　( ) まつげ }

**2** えに　あう　ことばに　なるように、ひらがなを　かきましょう。　1もん10てん〔40てん〕

① 
み□つ

② 
が□こう

③ 
ら□□

④ 
□□ぽ

**3** えに　あう　ことばに　○《まる》を　つけましょう。　1もん10てん〔20てん〕

① 
{ ( ) とけい　( ) とけえ }

② 
{ ( ) こうり　( ) こおり }

**4** □《わく》から　ひらがなを　えらんで　□《うんこます》に　かき、ぶんを　つくりましょう。　1もん10てん〔20てん〕

① おと□さんが　うんこを　なげた。

② せんせ□に　うんこを　ほめられた。

あ・い・う・え・お

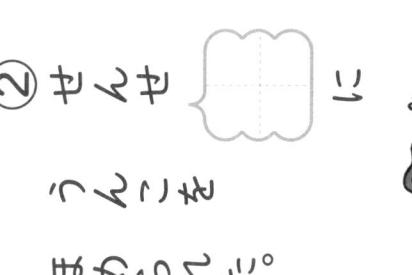

こくご

# 4 ひらがな④

なまえ

月　日

こたえ↓69ページ

テスト なおし　100／100てん

とくてん　／100てん

**1** ぶんの　なかから　ちいさく　かく　じを　さがして、○《まる》を　つけましょう。　1もん10てん〔20てん〕

① しゅくだいが　おわったら　うんこを　しよう。

② でんしやが　うんこを　ふんだ。

**2** えに　あう　ことばに　なるように、「や・ゆ・よ」の　どれかを　かきましょう。　1もん10てん〔30てん〕

①

きんぎ

②

し　もじ

③

じ　うじ

**3** えに　あう　ことばに　なるように、ひらがなを　かきましょう。　1もん10てん〔50てん〕

①

にん

②

わん

③

し　き

④

じてん

⑤

ち

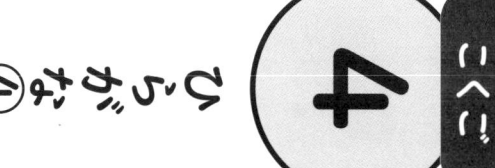

こくご

# 5 「は・を・へ」の つかいかた

なまえ

月　日

こたえ↓69ページ

とくてん　/100てん

テスト なおし　100/100てん

**1** ただしい ほうの じを ○《まる》で かこみましょう。

1もん10てん〔50てん〕

① これ ｛は わ｝ うんこだ。

② うんこやま ｛え へ｝ いく。

③ うんこ ｛お を｝ ころがす。

④ おとうさん ｛は わ｝ うんこに くわしい。

⑤ うんこのような いわ ｛お を｝ もちあげる。

**2** ぶんに あうように、「は・を・へ」の どれかを かきましょう。

1もん10てん〔30てん〕

① ぼく □ うんこが すきだ。

② ともだちに うんこ □ あげた。

③ うんこを する ためだけに もり □ いった。

**3** まちがって いる じを 2つ みつけて |《せん》を ひき、ただしく かきましょう。

1つ10てん〔20てん〕

れい うんこがっこうえ|へ いく。

あにわ うんこお かたづけた。

# 6 カタカナ①

なまえ

月　日

こたえ↓70ページ

テスト なおし 100／100てん　とくてん ／100てん

**1** えに あう ことばに ○《まる》を つけましょう。 1もん10てん〔50てん〕

① 
クイヤ
タイヤ

② 
カナラ
カメラ

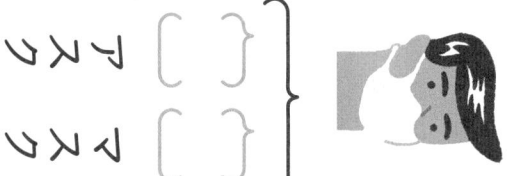

③ 
マスク
アスク

④ 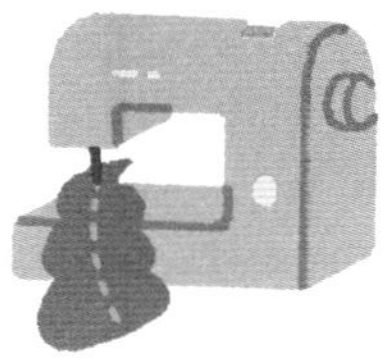
ミシン
ミツン

⑤ 
チニス
テニス

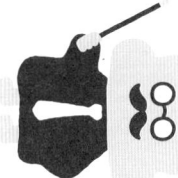

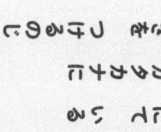

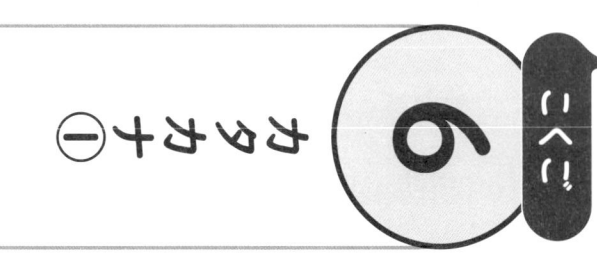


**2** えに あう ことばに なるように、「ウ・ン・コ」の どれかを かきましょう。 1もん10てん〔30てん〕

① 
□アラ

② 
テ□ト

③ 
□クレレ

**3** カタカナの ことばで かきましょう。 1もん10てん〔20てん〕

① うんこの かたさを □□□《てすと》した。

② うんこを □□□□《くれよん》で かきたい。

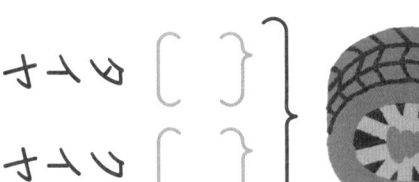

# 7 カタカナ②

なまえ

月　日

こたえ↓70ページ

とくてん　／100てん

テストなおし　100／100てん

**1** えに　あう　ことばに　なるように、カタカナを　かきましょう。　1もん10てん〔60てん〕

①  テレ□□

② 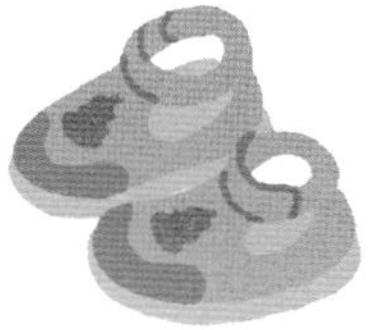 サン□□ル

③  □□アノ

④ 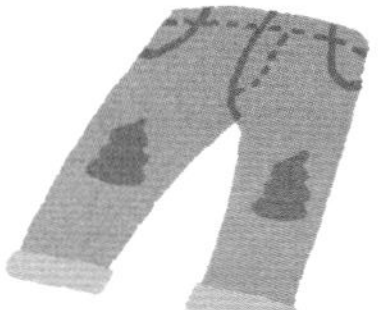 □□ボン

⑤ 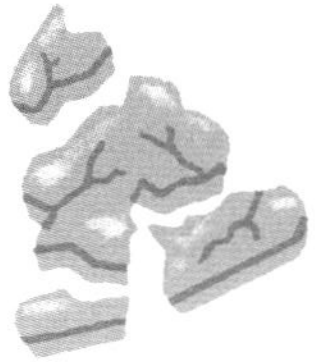 □□ラス

⑥ 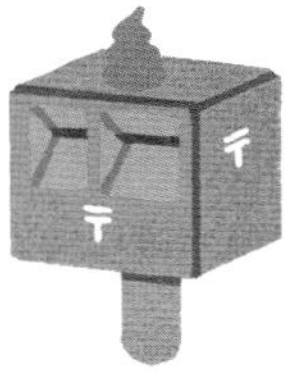 □□スト

**2** えに　あう　ことばに　○《まる》を　つけましょう。　1もん10てん〔20てん〕

① 

（　）カアド
（　）カード

② 

（　）セーター
（　）セエタア

**3** カタカナの　ことばで　かきましょう。　1もん10てん〔20てん〕

① うんこに　□□□《りぼん》を　まいて　かわいらしく　した。

② □□□□《すぷうん》に　うんこを　のせて　はこんだ。

# 8 カタカナ③

なまえ

月　日

こたえ→70ページ

テスト なおし　100／100てん

とくてん　／100てん

**1 えに　あう　ことばに　○《まる》を　つけましょう。**　1もん10てん〔20てん〕

① 

トラツク

トラック

② 

キャンプ

キヤンプ

**2 えに　あう　ことばに　なるように、カタカナを　かきましょう。**　1もん10てん〔40てん〕

① 

べ□ド

② 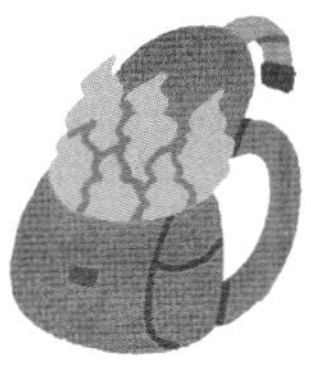

リ□ック

③ 

シ□ベル

④ 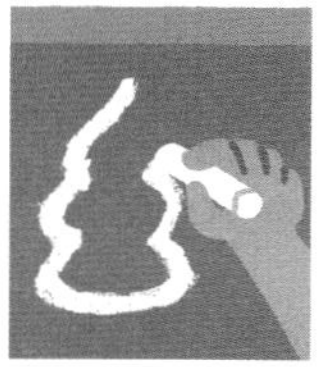

チ□ーク

**3 ―《せん》の　ひらがなを　カタカナに　なおして　かきましょう。**　1もん10てん〔40てん〕

① うんこを　のせた　ろけっとが　はっしゃされた。

② ぱじゃまを　きると　うんこが　したく　なる。

③ ぼくの　うんこが　にゅうすに　なって　いた。

④ うんこで　できた　まんしょんに　すんで　いる。

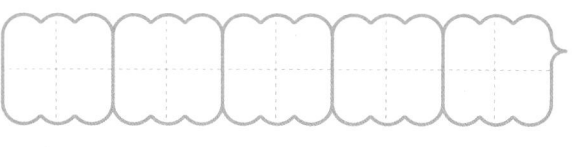

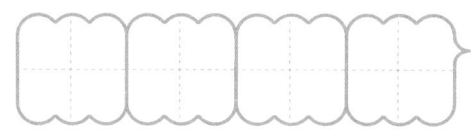

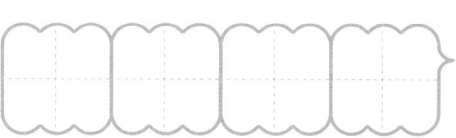

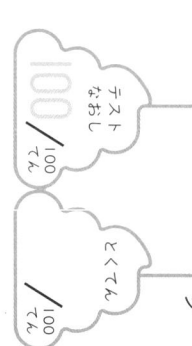

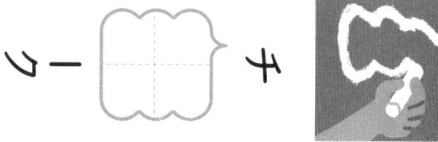

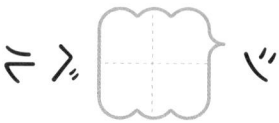

こくご

# 9 ひらがなと　カタカナ

なまえ

月　日

こたえ↓70ページ

とくてん　／100てん

テストなおし　100／100てん

**1** えに　あう　ことばに　○《まる》を　つけましょう。

1もん10てん〔30てん〕

① 

ほうき

ほおき

② 

マランソ

マラソン

③ 

ぎター

ギター

**2** ひらがなの　ことばを　カタカナに　なおしましょう。

1もん10てん〔20てん〕

① あるばむ

② しゃわあ

**3** えに　あう　ひらがなや　カタカナの　ことばを、ただしく　かきましょう。

1もん10てん〔50てん〕

① 

け　さつかん

② 

ういん

③ 

きょう

④ 

コ

⑤ 

リップ

# こくご 10 ぶんの くみたて

なまえ　月　日

こたえ↓70ページ

テストなおし 100／100てん　とくてん ／100てん

**1** ぶんの なかで、「だれが」「なにが」の ことばを ○《まる》で かこみましょう。　1もん10てん〔30てん〕

れい　（うんこが） うたう。

① いぬが うんこに むかって ほえる。

② くるまが うんこを よけて はしる。

③ おとうさんが やさしく うんこを なでる。

**2** ぶんの なかで、「どうする」の ことばを ○《まる》で かこみましょう。　1もん10てん〔30てん〕

れい　うんこが （おどる）。

① ねこが うんこから にげる。

② ボールが うんこの まえで とまる。

③ せんせいが ろうかの うんこを ひろう。

**3** えを みて、〔　〕《かっこ》に あう ことばを ［　］《わく》から えらんで かきましょう。　1つ10てん〔40てん〕

①

〔　　〕が うんこの まわりを まわる。

②

おとうさんが うんこを だいて 〔　　〕。

③

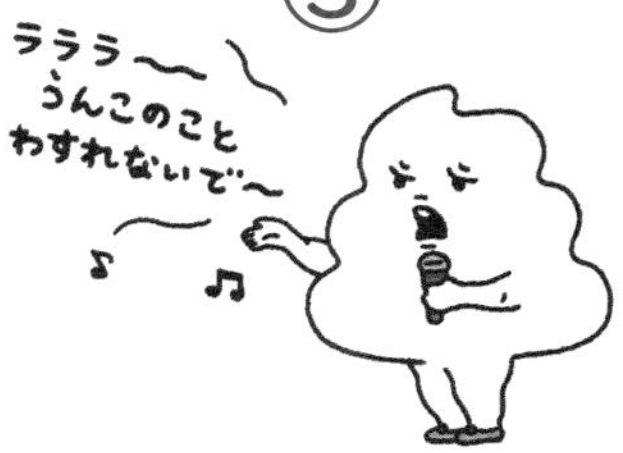


〔　　〕が マイクを もって 〔　　〕。

うんこ・うさぎ・ゴリラ
うたう・たたく・ねむる

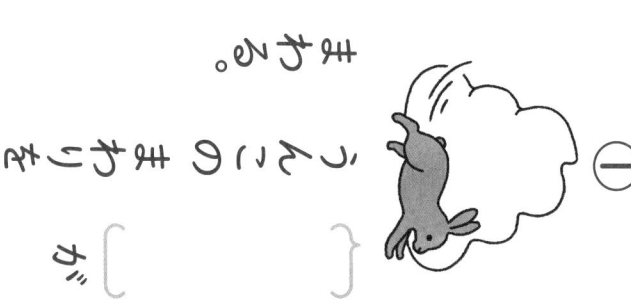

# 11 ぶんしょうの よみとり①

なまえ　月　日　こたえ↓70ページ　とくてん　/100てん　テストなおし　100/100てん

## 1 よんで こたえましょう。

きのう、ぼくは こくごの じゅぎょうで うんこさくぶんを はっぴょうしました。

うんこさくぶんには じしんが あったけれど、みんなの まえで はなすのが はずかしくて、ぼくは かおが あかく なりました。

でも、ともだちが はげまして くれた おかげで、おおきな こえで はっぴょうする ことが できました。

せんせいも、

「とても すばらしい うんこさくぶんでした。」

と、ほめて くれました。

うんこさくぶんの おかげで ともだちの たいせつさを しる ことが できました。

① 「ぼく」は なにを しましたか。〔20てん〕

こくごの じゅぎょうで、〔　　〕を はっぴょうした。

② みんなの まえで はなす ときの 「ぼく」の きもちは どちらですか。〔　〕《かっこ》に ○《まる》を つけましょう。〔20てん〕

あ 〔　〕はやく きいて ほしい。

い 〔　〕はずかしい。

③ 「ぼく」を はげましたり、ほめたり したのは、それぞれ だれですか。一つ20てん〔40てん〕

・はげました…〔　　〕

・ほめた…〔　　〕

④ 「ぼく」は うんこさくぶんの おかげで なにを しる ことが できましたか。〔20てん〕

ともだちの 〔　　〕。

こくご

# 12 ぶんしょうの よみとり②



## 1 よんで こたえましょう。

せなかの コブが うんこに なって いる 「うんこラクダ」と いう いきものが います。

コブが 3つ あるのが オスで、2つ あるのが メスです。

うんこラクダは、にんげんが さばくを たびする ときに おともして くれます。

うんこの コブは じゆうに とりはずす ことが できるので、にんげんは いすに したり、まくらに したり して つかいます。

よるに なると コブが ひかるので、あかりの かわりにも なります。

うんこラクダは やさしい せいかくなので、あばれる ことも なく、さばくを たびする ひとたちから とても あいされて います。

① どんな いきものに ついて かかれて いますか。〔20てん〕

せなかの コブが うんこに なって いる

「　　　　」

に ついて。

② ただしい ほうを ○《まる》で かこみましょう。一つ20てん〔40てん〕

コブが 3つ あるのが ［メス・オス］で、

コブが 2つ あるのが ［メス・オス］です。

③ よるに なると、うんこラクダの コブは どう なりますか。〔20てん〕

　　　　　。

④ うんこラクダの せいかくは どちらですか。〔20てん〕

あ［　］やさしい せいかく。

い［　］あばれやすい せいかく。

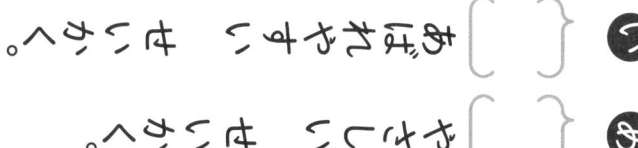

# 13 まる（。）・てん（、）・かぎ（「」）

なまえ

月　日

こたえ↓71ページ

とくてん　／100てん

テストなおし　100／100てん

**1** まる（。）・てん（、）・かぎ（「」）の　つかいかたが　ただしい　ほうに　○《まる》を　つけましょう。

1もん10てん〔20てん〕

①
（　）ぼくは、うんこと　やまへ　いった、
（　）ぼくは、うんこと　やまへ　いった。

②
（　）「おめでとう、と」うんこに　いった。
（　）「おめでとう。」と　うんこに　いった。

**2** ぶんの　なかに、まる（。）と　おわりの　かぎ（」）を　1つずつ　かきましょう。

1つ10てん〔20てん〕

おにいちゃんが　ぼくの　うんこを　みて、「おおきいなあ。と　いいました

**3** □《うんこます》に　てん（、）か　まる（。）を　いれて、□《かっこ》には　えの　なかで　はなして　いる　ことばを　かぎ（「」）を　つかって　かきましょう。

1つ10てん〔60てん〕

わたしは　ちちに　□

（　　　　）

と　いって　□　うんこを

わたしました　□　ちちは、

（　　　　）

と　いいました　□

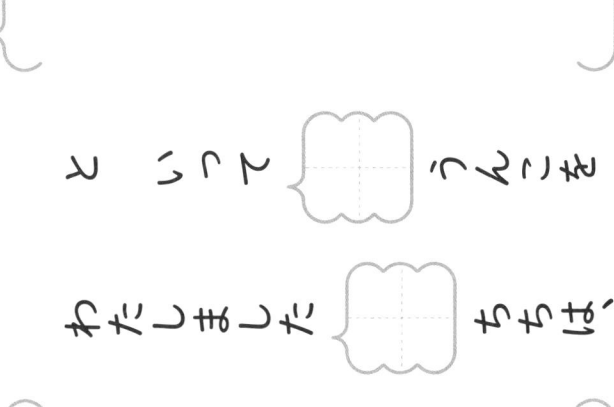

# 14 かん字《じ》の よみかき①

なまえ

月　日

こたえ↓71ページ

テスト なおし　100／100てん

とくてん　／100てん

**1** 一《せん》の かん字《じ》の よみがなを かきましょう。　1もん10てん〔50てん〕

① みちに 一つ、（　　） うんこが おちて いた。

② うんこを ふんだのは、これで 二かい目《め》だ。（　　）

③ 五じに（　　） なったら うんこを したい。

④ ぼくの うんこは クラスで 七ばん目《め》に（　　） 大《おお》きい。

⑤ 千人《にん》で（　　） どうじに うんこを する ゆめを 見《み》た。

**2** かん字《じ》を かきましょう。　1もん10てん〔50てん〕

① （　　）《よ》人《にん》で ならんで うんこを した。

② この うんこは （　　）《ろく》年《ねん》まえの ものだ。

③ かいだんの （　　）《はち》だん目《め》で うんこを ふんだ。

④ （　　）《きゅう》ばんバッターが うんこを もらした。

⑤ （　　）《ひゃく》まで かぞえてから うんこを した。

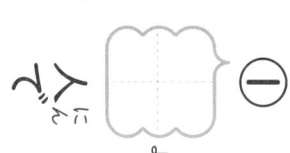

こくご

# 15 かん字《じ》の　よみかき②

なまえ　　月　日

こたえ↓71ページ

とくてん　／100てん

テストなおし　100／100てん

## 1 —《せん》の　かん字《じ》の　よみがなを　かきましょう。

1もん10てん〔50てん〕

① 大きい　ほうが　ぼくの　うんこだと　おもう。（　）

② 上を　むいて　あるいて　いたら、うんこを　ふんだ。（　）

③ そこを　左に　まがると　うんこが　ある。（　）

④ 日に　よって　うんこの　おおきさが　ちがう。（　）

⑤ うんこを　土に　うめたら、花《はな》が　さいた。（　）

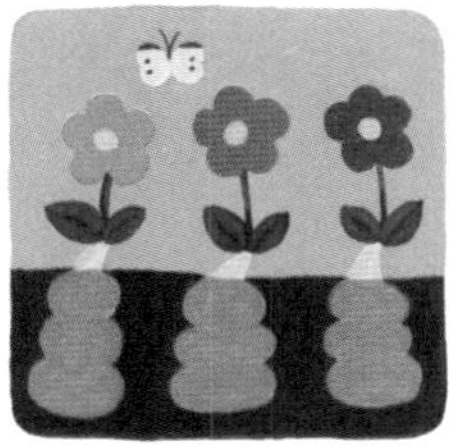

## 2 かん字《じ》を　かきましょう。

1もん10てん〔50てん〕

① □《ちい》さい　ころから　うんこが　すきだ。

② いすの　□《した》に　うんこを　かくした。

③ この　うんこは　□《みぎ》手《て》で　もった　ほうが　よい。

④ うんこは　お□《かね》では　かえない。

⑤ この　うんこは　□《みず》に　つけても　もんだいは　ない。

こくご

# 16 かん字《じ》の よみかき③

なまえ　　月　　日

こたえ↓71ページ

とくてん　／100てん

テスト なおし　100／100てん

**1** ―《せん》の かん字《じ》の よみがなを かきましょう。 1もん10てん〔50てん〕

① この うんこから 目［　　］が はなせない。

② 口［　　］に 出《だ》して 「うんこ。」と いいましょう。

③ どうしても うんこに 足［　　］が とどかない。

④ これは 男［　　］の ひとが した うんこのようだ。

⑤ うんこの 王［　　］さまに なりたい。

**2** かん字《じ》を かきましょう。 1もん10てん〔50てん〕

① うんこの 音《おと》に □《みみ》 を すまして みた。

② だれの うんこかは、□《て》 で さわれば わかる。

③ □《ひと》 は だれでも うんこを する。

④ おとした うんこを □《おんな》 の ひとが とどけて くれた。

⑤ □《いぬ》 と うんこで あそんだ。

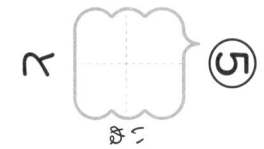

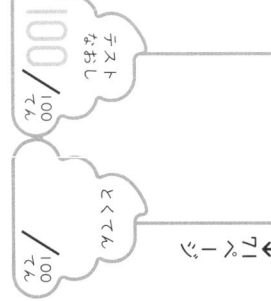

# かん字《じ》の　よみかき④

なまえ

月　日

こたえ→71ページ

とくてん　／100てん

テスト なおし　100／100てん

1　｜《せん》の　かん字《じ》の　よみがなを　かきましょう。

1もん10てん〔50てん〕

①　山（　　）の　ちょう上《じょう》で　「うんこ！」と　さけんだ。

②　おじいさんが　田（　　）んぼに　うんこを　うえた。

③　草（　　）むしりを　しながら　うんこを　した。

④　きょうの　月（　　）は　うんこの　かたちを　して　いる。

⑤　木（　　）に　うんこの　みが　なって　いる。

2　かん字《じ》を　かきましょう。

1もん10てん〔50てん〕

①　おばあさんは　うんこを　（　　）《かわ》で　あらった。

②　（　　）《いし》の　上《うえ》に　うんこを　のせて　あそんだ。

③　おかあさんに　（　　）《はな》と　うんこを　プレゼントした。

④　うんこに　（　　）《ひ》を　つけては　いけません。

⑤　（　　）《つち》を　ほったら　うんこが　出《で》て　きた。

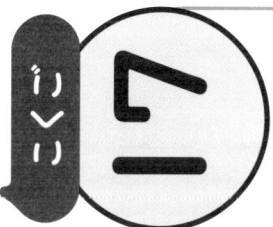

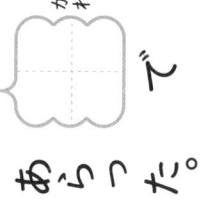

# かん字《じ》の　よみかき⑤

なまえ

月　　日

こたえ↓71ページ

テスト なおし　100／100てん

とくてん　／100てん

## 1 ―《せん》の　かん字《じ》の　よみがなを　かきましょう。

1もん10てん〔50てん〕

① 天〔　　〕きが　よいので　そとで　うんこを　した。

② 空〔　　〕から　うんこが　ふって　きた。

③ うんこを　するなら　林〔　　〕が　よい。

④ 虫〔　　〕を　とったと　おもったら　うんこだった。

⑤ うんこの　かたちを　した　貝〔　　〕を　ひろった。

## 2 かん字《じ》を　かきましょう。

1もん10てん〔50てん〕

① ここは　くう［　］《き》が　きれいなので、うんこも　きれいだ。

② ［　］《あめ》が　ふった　せいで、うんこも　じめじめして　いる。

③ ともだちと　［　］《もり》で　うんこの　ようせいを　見《み》た。

④ ［　］《たけ》を　きったら　うんこが　出《で》て　きた。

⑤ ［　］《ゆう》がたに　なったので、うんこを　して　かえった。

こくご

# 19 いろいろな　ことば①

なまえ

月　日

こたえ→72ページ

とくてん　/100てん

テストなおし　100/100てん

**1** つぎの　ものを　まとめて　よぶ　ことばを、□《わく》から　えらんで　かきましょう。

1もん10てん〔30てん〕

① ハト・カラス・ツル

まとめて…〔　　　　〕

② ギター・たいこ・ピアノ

まとめて…〔　　　　〕

③ でんしゃ・バス・ひこうき

まとめて…〔　　　　〕

のりもの・がっき
うんこ・とり

**2** なかまでは　ない　ことばを　一《ひと》つ　えらんで　○《まる》で　かこみましょう。

1もん10てん〔20てん〕

① ノート・えんぴつ
スプーン・けしゴム

② サンマ・ヒマワリ
マグロ・カレイ

**3** はんたいの　いみの　ことばを、□《わく》から　えらんで　かきましょう。

1もん10てん〔30てん〕

①
かるい　うんこ
〔　　　　〕　うんこ

②
あかるい　うんこ
〔　　　　〕　うんこ

③
つよい　うんこ
〔　　　　〕　うんこ

くらい・ふとい
おもい・よわい

**4** 〔　〕《かっこ》に　あう　じゅんばんの　ことばを　かきましょう。

1もん10てん〔20てん〕

① はる → なつ →
あき →
〔　　　　〕

② きのう → きょう →
あす → 〔　　　　〕

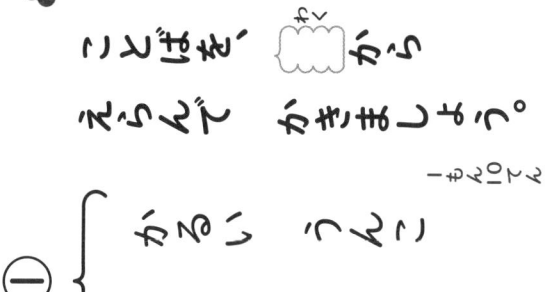

こくご

# 20 かんじの よみかき⑥

なまえ

月　日

こたえ↓72ページ

とくてん　/100てん

テストなおし　100/100てん

**1** ｜《せん》の かんじの よみがなを かきましょう。 1もん10てん〔50てん〕

① 学校〔　　〕から かえったら すぐ うんこを する。

② うんこに 名〔　　〕まえを つけた。

③ 字〔　　〕が うまい ともだちに 「うんこ」と かいて もらった。

④ うんこが 大《おお》きすぎて かばんに 入〔　　〕らない。

⑤ すこし 休〔　　〕んでから また うんこを 見《み》よう。

**2** かんじを かきましょう。 1もん10てん〔50てん〕

① □□《せんせい》も うんこが すきと いって いた。

② この 一《いち》□《ねん》かんで 三《さん》かい うんこを ふんだ。

③ うんこに ついて かかれた □《ほん》を よみたい。

④ うんこを □《だ》すのは とくいだ。

⑤ ぼくは □《た》った まま うんこが できる。

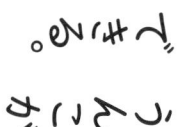

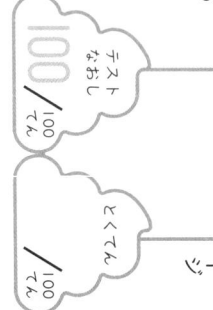

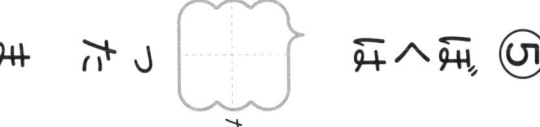

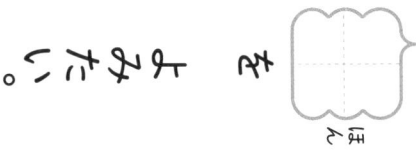

# 21 かん字《じ》の　よみかき⑦

なまえ

月　日

こたえ↓72ページ

とくてん　／100てん

テストなおし　100／100てん

**1** ―《せん》の　かん字《じ》の　よみがなを　かきましょう。

1もん10てん〔50てん〕

① 先生《せんせい》が、白〔　　〕の　チョークで「うんこ」と　かいた。

② うんこの　おばけを見《み》た　おとうとは、かおが　青〔　　〕ざめた。

③ この　村〔　　〕は、うんこをかみさまのようにあつかって　いる。

④ その　うんこへのかんがえかたは　正〔　　〕しい。

⑤ この　うんこの音〔　　〕は　おじいちゃんだ。

**2** かん字《じ》を　かきましょう。

1もん10てん〔50てん〕

① しんごうが　□《あか》に　なったので、うんこを　した。

② この　□《まち》に　くると　うんこが　もれる。

③ あしたは、□《はや》く　おきて　うんこを　見《み》に　いく　つもりだ。

④ □《ちから》が　なくても　大《おお》きな　うんこは　出《だ》せる。

⑤ うんこに　□《いと》を　まいて　ひっぱった。

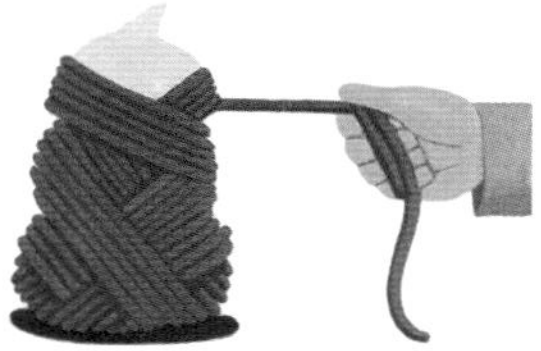

# 22 かん字《じ》の よみかき⑧

なまえ

月　日

こたえ↓72ページ

テスト なおし 100／100てん　とくてん ／100てん

**1** 一《せん》の かん字《じ》の よみがなを かきましょう。　1もん10てん〔30てん〕

① これは この 男《おとこ》の子（　　）の うんこです。

② 三（　　）人《にん》とも うんこが 大《だい》すきだ。

③ みんなで 円（　　）に なって うんこを した。

**2** かん字《じ》を かきましょう。　1もん10てん〔20てん〕

① この さく □《ぶん》 を よめば、どれだけ うんこが すきか わかる。

② よく □《み》 ると、おじいちゃんの うんこだった。

**3** ぶんに あう かん字《じ》を かきましょう。　1つ10てん〔50てん〕

①□《やす》 みの 日《ひ》に ともだちと ②□《やま》 へ うんこを さがしに いった。

③□《みみ》 を すますと、「ブリブリ！」と いう ④□《おと》 が きこえて きた。

あるいて いくと、みた ことも ない ⑤□《きん》 いろの うんこが おちて いた。

こくご

# 23 文《ぶん》しょうの よみとり③

なまえ

月　日

こたえ↓72ページ

とくてん　/100てん

テストなおし　100/100てん

**1** よんで こたえましょう。

なかの よい ウシと リスが さんぽを して いました。

けれども、ふたりは じめんに あなが ある ことに 気《き》づかずに、おちて しまいました。

あなは とても ふかいので、のぼる ことが できません。

すると、リスが、

「ウシさんの うんこを かいだんに すると、あなから 出《で》られるんじゃ ない？」

と いいました。

リスの はなしを きいた ウシは、

「それは よい かんがえだ。」

と いって、ぶりぶりと うんこを 出《だ》しはじめました。

リスは、ウシの うんこを ならべて かいだんに しました。

こうして ふたりは あなから 出《で》る ことが できました。

① ウシと リスに なにが おきましたか。〔一つ20てん〔40てん〕〕

じめんに （　　　　） が ある ことに 気《き》づかないで、（　　　　） しまった。

② リスは どんな ことを おもいつきましたか。〔20てん〕

ウシの うんこを （　　　　） に して、あなから 出《で》る こと。

③ リスの はなしを きいて、ウシは どのように おもいましたか。〔20てん〕

（　　　　　　　　）

④ ウシと リスは どう なりましたか。（　）に ○《まる》を つけましょう。〔20てん〕

あ （　） あなから 出《で》られなかった。

い （　） あなから 出《で》られた。

こくご 24

# 文《ぶん》しょうの よみとり④

なまえ

月　日

こたえ↓72ページ

テスト なおし　100/100てん

とくてん　/100てん

1 よんで こたえましょう。

「うんこそうがんきょう」は とおくに ある うんこを 見《み》る ことが できる どうぐです。

うんこそうがんきょうは、うんこスポーツを 見《み》る ときに つかう 人《ひと》が おおいです。

とおくからでも すきな せんしゅの うんこを はっきりと 見《み》る ことが できるからです。

また、空《そら》を とぶ とりの うんこを 見《み》る ときにも やくに 立《た》ちます。

ただし、うんこそうがんきょうは ほしのような、うんこでは ない ものを 見《み》る ことは できません。

うんこそうがんきょうは いろや かたちが かっこいいので、子《こ》どもにも 大人《おとな》にも 人気《にんき》が あって、たくさん うれて います。

① どんな なまえの どうぐを せつめいして いますか。〔20てん〕

（　　　　）

② 「うんこそうがんきょう」は なにを 見《み》る ときに つかいますか。一つ20てん〔40てん〕

・うんこスポーツで とおくから すきな（　　　）の うんこを 見《み》る とき。

・空《そら》を とぶ（　　　）の うんこを 見《み》る とき。

③ 「うんこそうがんきょう」で ほしを 見《み》る ことが できないのは なぜですか。〔20てん〕

（　　　　）から。

④ 「うんこそうがんきょう」が 人気《にんき》が あって うれて いるのは なぜですか。〔20てん〕

いろや かたちが（　　　　）から。

# 25 日《ひ》づけと　よう日《び》

なまえ　　月　　日

こたえ↓73ページ

とくてん　　/100てん

テストなおし　100/100てん

**1** ー《せん》の　日《ひ》づけの　よみがなを　かきましょう。　1もん10てん〔50てん〕

① 〔　　〕三日れんぞくで　うんこを　ふんだ。

② 〔　　〕五日まえに　した　うんこを　もう　わすれて　しまった。

③ あの　うんこを　してから　〔　　〕十日　たった。

④ ぼくは　〔　　〕七月に　なると　よく　うんこが　出《で》る。

⑤ 〔　　〕九月の　おもい出《で》は　うんこの　ことしか　ない。

**2** よう日《び》の　かん字《じ》を　かきましょう。　1もん10てん〔50てん〕

① ［　　］《か》よう日《び》の　うんこが　すきだ。

② ［　　］《すい》よう日《び》は　ともだちと　うんこを　すると　きめて　いる。

③ ［　　］《もく》よう日《び》に　先生《せんせい》から　うんこを　ほめられた。

④ ［　　］《きん》よう日《び》の　うんこは　いつもより　大《おお》きい。

⑤ ［　　］《ど》よう日《び》に　かぞくで　うんこを　見《み》に　いく　よていだ。

こくご

# 26 いろいろな ことば②

なまえ

月　日

こたえ↓73ページ

テスト なおし 100／100てん

とくてん ／100てん

**1** えの ものの かぞえかたが 正《ただ》しい ほうに ○《まる》を つけましょう。　1もん10てん〔30てん〕

① 
（　）三《さん》まい
（　）三《さん》とう

② 
↑うんこむし
（　）四《よん》はい
（　）四《よん》ひき

③ 
（　）一《いっ》そう
（　）一《いち》だい

**2** 文《ぶん》に あう、ものを かぞえる ことばを かきましょう。　1もん10てん〔20てん〕

① うんこを かたに のせた 男《おとこ》が 十《じゅう》（　） ならんで いる。

② うんこを かく ために、ノートを 五《ご》（　） つかって しまった。

**3** ―《せん》を おわった ことを あらわす いいかたに しましょう。　1もん10てん〔30てん〕

れい　うんこが うたう。
↓うたった

① うんこを わたす。
↓（　）

② うんこが はしる。
↓（　）

③ うんこが ふくらむ。
↓（　）

**4** ―《せん》を ていねいな いいかたに しましょう。　1もん10てん〔20てん〕

れい　うんこが うたう。
↓うたいます

① うんこが ある。
↓（　）

② おとうさんの うんこだ。
↓（　）

# 27 かん字《じ》の　できかた

こたえ↓73ページ

なまえ

月　日

とくてん　/100てん

テストなおし　100/100てん

**1** ものの　かたちや　しるしから　できた　かん字《じ》の　よみを　□《わく》から　えらんで、かん字《じ》に　なおして　かきましょう。

1もん10てん〔60てん〕

① 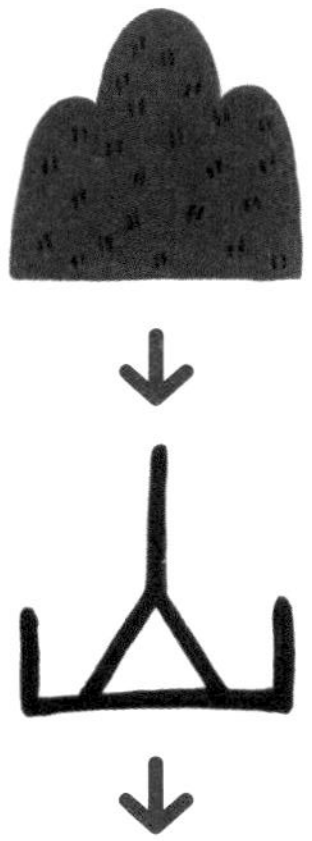 → □

②  → □

③ 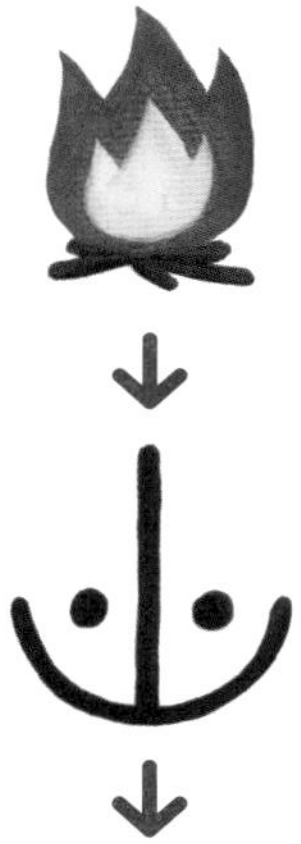 → □

④  → □

⑤ 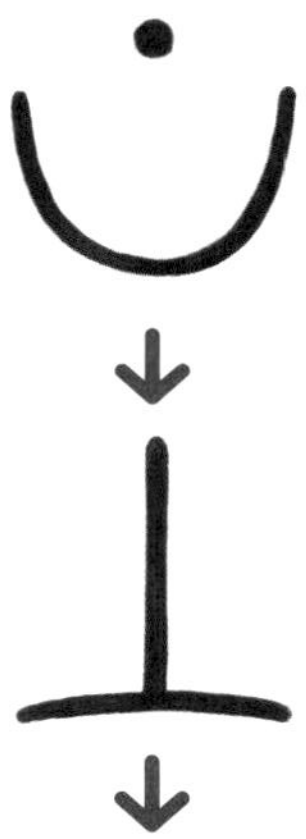 → □

⑥  → □

くち・やま・うんこ
ひ・うえ・した・て

**2** つぎの　文《ぶん》しょうの　えの　ところを　かん字《じ》に　なおして　かきましょう。

1もん10てん〔40てん〕

たからの　うんこは、

① んぼの　中《なか》を　まっすぐ　とおって

② 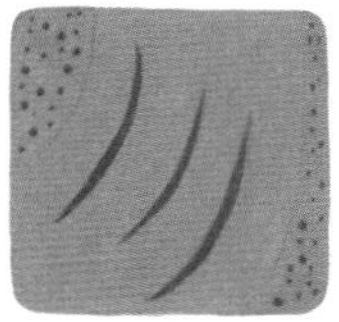を　左《ひだり》に　まがり、

③ やぶを　ぬけた

先《さき》に　ある。

④ が

ふると　あらわれるだろう。

① □　② □

③ □　④ □

こくご

# 28 まちがえやすい かん字《じ》

なまえ

月　日

こたえ→73ページ

テスト なおし 100／100てん

とくてん ／100てん

**1** 文《ぶん》に あう ほうの かん字《じ》を ○《まる》で かこみましょう。 1もん10てん〔40てん〕

① 〔大《おお》・犬〕きい うんこが 出《で》た 日《ひ》は 気《き》ぶんが いい。

② いつも 〔木《ほん》・本〕を よむと うんこが したく なる。

③ 〔王《たま》・玉〕いれの かごに うんこを いれた。

④ おとうとは 〔日《め》・目〕を かがやかせて うんこを 見《み》て いた。

**2** にた かん字《じ》を それぞれ かきましょう。 1もん10てん〔60てん〕

① うんこを もった ほうが ［　　］《みぎ》手《て》です。

② ［　　］《いし》に 見《み》えたのは うんこだった。

③ ［　　］《ひと》に よって うんこの おおきさが ちがう。

④ うんこの 中《なか》に ［　　］《はい》りたい。

⑤ みちに うんこが ［　　］《ひゃっ》こ おちて いた。

⑥ うんどうかいの ［　　］《しろ》ぐみだいひょうで うんこを した。

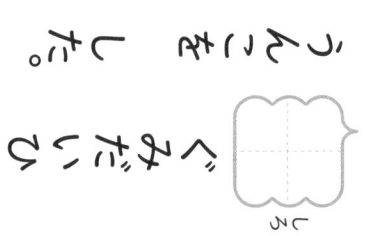

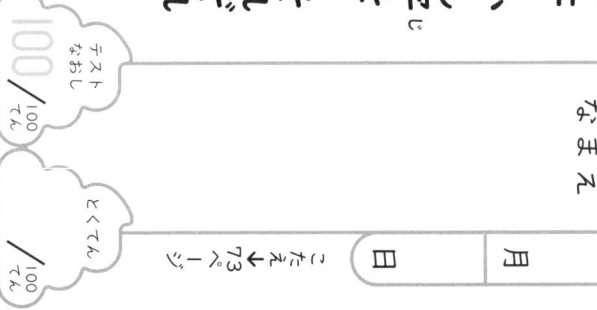

# こくご そうしあげ①

なまえ

月　日

こたえ→73ページ

とくてん　／100てん

テストなおし　100／100てん

**1** 正《ただ》しい　ほうの　ひらがなを
かきましょう。
1もん10てん〔30てん〕

① うんこの　しろ　□（え・へ）
いく。

② おにいちゃん　□（は・わ）
うんこに
やさしい。

③ うんこ　□（お・を）　とびこえる。

**2** ひらがなの　ことばを
カタカナに　なおしましょう。
1もん10てん〔20てん〕

① じゅうす
□□□□

② きゃっぷ
□□□□

**3** ー《せん》の　かん字《じ》の　よみがなを
かきましょう。
1もん10てん〔30てん〕

① 十円（　　）では
うんこは　あげられない。

② うんこを　したいので
早（　　）く　して　ください。

③ 生（　　）きて　いれば　うんこを
ふむ　ことも　ある。

**4** かん字《じ》を　かきましょう。
1もん10てん〔20てん〕

① うんどうかいで
うんこ　□《たま》　ころがしを
した。

② もくてきちまで　□《くるま》　で
うんこを　はこんだ。

# こくご 30 こくご そうしあげ②

なまえ　　月　　日

こたえ↓73ページ

テスト なおし 100／100てん　　とくてん ／100てん

## 1 よんで こたえましょう。

　小学生《しょうがくせい》に なった たつきは、おかあさんに うんこバトルカードを かって もらえました。

　ずっと ほしかったので、たつきは おもわず「うんこ！」と いって よろこびました。

　すると、おとうとが、「ぼくも ほしい。」と いって ないて しまいました。

　おかあさんが、「小学生《しょうがくせい》に なったら かうよ。」と いっても なきやみません。

　かわいそうだと おもった たつきは、うんこバトルカードを おとうとに あげました。

　おとうとは なきやんで、「うんこ！」と いって、よろこび、おかあさんは、「えらいね。」と いって、たつきを ほめました。

　たつきは、すこし おとなに なったような 気《き》もちに なりました。

① たつきは なにを かって もらいましたか。〔20てん〕

（　　　　　　）

② たつきは、どちらの 気《き》もちで「うんこ！」と いいましたか。〔20てん〕

あ（　）うれしい 気《き》もち

い（　）かなしい 気《き》もち

③ おかあさんが「えらいね。」と いったのは なぜですか。一つ20てん〔40てん〕

おとうとを（　　　　）だと おもった たつきが、うんこバトルカードを（　　　　）から。

④ おかあさんに ほめられた たつきは、どんな 気《き》もちに なりましたか。〔20てん〕

すこし（　　　　）ような 気《き》もちに なった。

さんすう

# 1 5までの　かず

月　日　こたえ→74ページ

とくてん　/100てん

なまえ

テスト なおし　/100てん

## 1 うんこコイン《こいん》の　かずを　すうじで　かきましょう。

1もん 10てん〔50てん〕

①

②

③

④

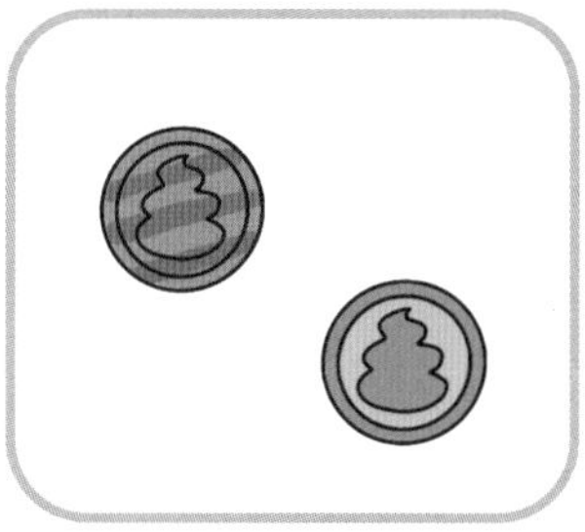

⑤

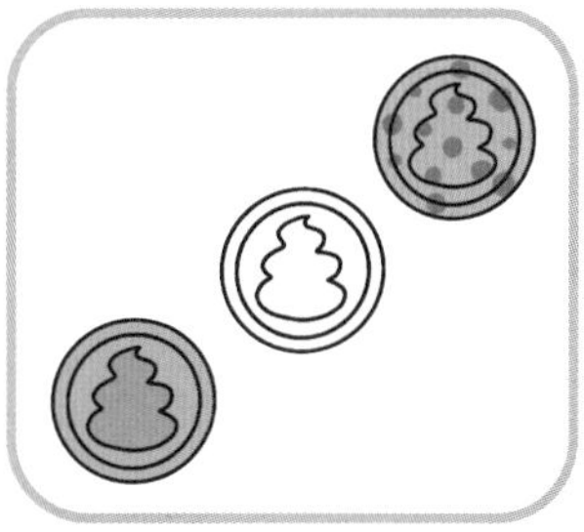

## 2 おおい　ほうの　〔　〕《かっこ》に　○《まる》を　つけましょう。

1もん 10てん〔20てん〕

①

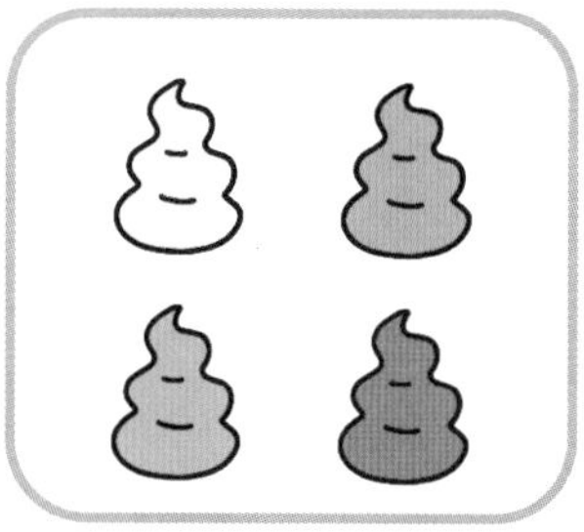

あ〔　〕　い〔　〕

②

あ〔　〕　い〔　〕

## 3 □《うんこます》に　あう　すうじを　かきましょう。

1もん 15てん〔30てん〕

① 1 - 2 - 3 - □

② □ - 4 - 3 - □

さんすう

# 2 10までの　かず

月　日　こたえ→74ページ

なまえ

とくてん　/100てん

テスト なおし　/100てん

## 1 おなじ　かずの　ものを　—《せん》で　つなぎましょう。

1もん 10てん〔30てん〕

① ② ③

6　9　10

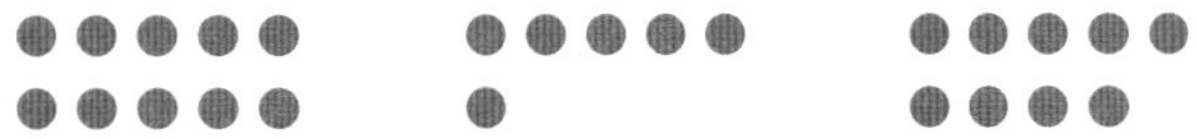

## 2 おおきい　ほうの　〔　〕《かっこ》に　○《まる》を　つけましょう。

1もん 5てん〔20てん〕

① 6 4 〔　〕〔　〕

② 5 7 〔　〕〔　〕

③ 9 8 〔　〕〔　〕

④ 9 10 〔　〕〔　〕

## 3 いろいろな　うんこの　かずを　しらべます。

① それぞれの　うんこの　かずだけ　いろを　ぬりましょう。

1つ5てん〔15てん〕

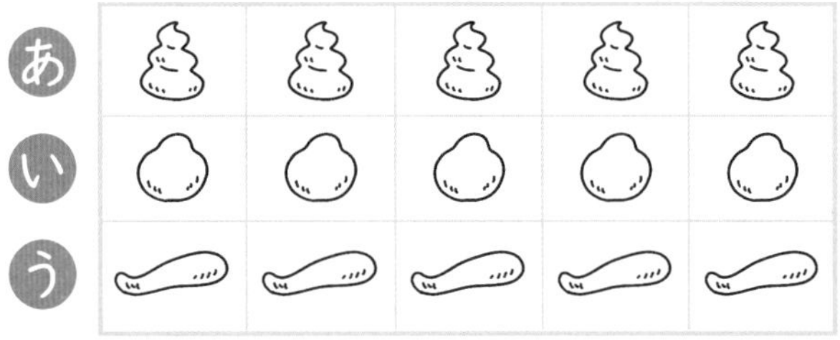


② いちばん　おおい　うんこに　○《まる》を　つけましょう。

〔15てん〕

## 4 1から　10まで　じゅんに　—《せん》で　つなぎましょう。

〔20てん〕

さんすう

# 3 なんばんめ

| 月 | 日 |
| --- | --- |

こたえ→74ページ

なまえ

とくてん ／100てん

テストなおし ／100てん

**1** ひとや　ものを、あう　ぶんだけ ○《まる》で　かこみましょう。

1もん 10てん〔30てん〕

① まえから　3にんめ

まえ

うしろ

② まえから　4にん

まえ

うしろ

③ うしろから　4ばんめ

まえ

うしろ

**2** うんこを　のせた　おんがくたいが います。あう　どうぶつの なまえを　［　］《わく》から　えらんで こたえましょう。

1もん 5てん〔10てん〕

うえ

した

①うえから 2ばんめ

｛　　　　　｝

②したから 2ばんめ

｛　　　　　｝

にわとり　ねこ　いぬ　ろば

**3** きょうしつの　えを　みて、あう こどもを　それぞれの　かたちで かこみましょう。

1もん 15てん〔60てん〕

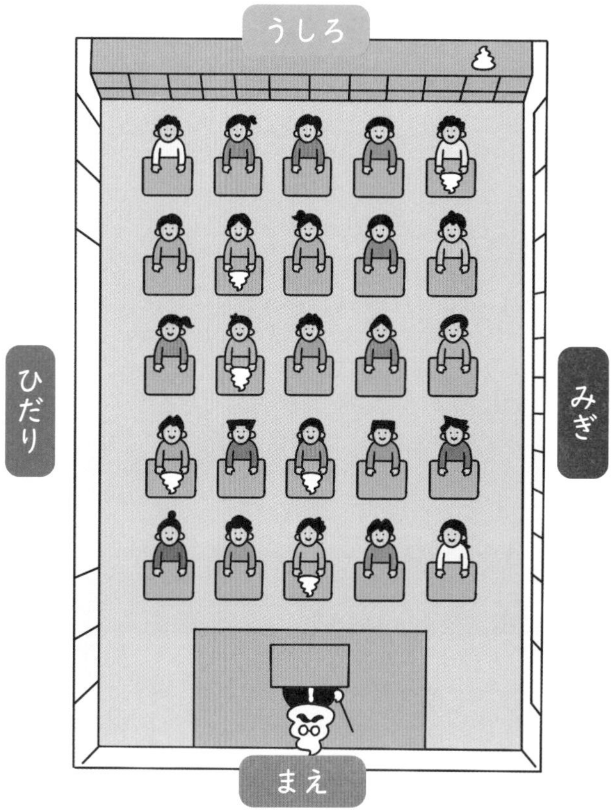


① まえ から　2ばんめ、
ひだり から　2ばんめに、○

② うしろ から　3ばんめ、
みぎ から　4ばんめに、△

③ ひだり から　3ばんめ、
うしろ から　2ばんめに、□

④ みぎ から　1ばんめ、
まえ から　5ばんめに、◇

# 4 いくつと　いくつ

月　　日　こたえ→74ページ

なまえ

とくてん　/100てん

テストなおし　/100てん

## 1 うんこが　5こ　あります。いくつと　いくつに　わけられますか。

1もん5てん〔20てん〕

① 4と □　　② 2と □

③ 3と □　　④ 1と □

## 2 □《うんこます》に　あう　かずを　かきましょう。

1もん5てん〔30てん〕

① 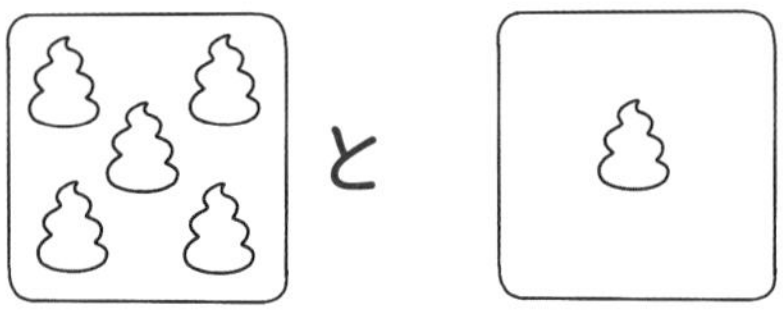 で □

② 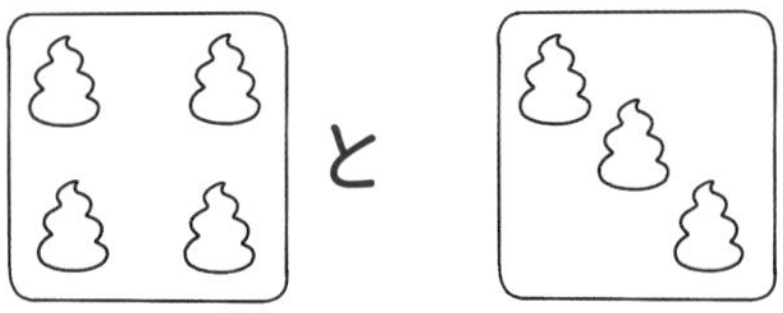 で □

③ 2と　4で □

④ 6と　3で □

⑤ 9は、5と □

⑥ 10は、2と □

## 3 うんこむしが　8ぴきずつ　います。いしで　かくれて　いる　うんこむしの　かずを　□《うんこます》に　かきましょう。

1もん10てん〔30てん〕

①  □

②  □

③  □

## 4 かずが　10に　なるように、うんこトランプ《とらんぷ》を　—《せん》で　つなぎましょう。

1つ5てん〔20てん〕

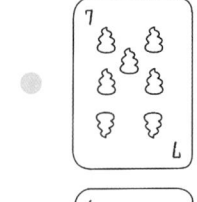

①  あ

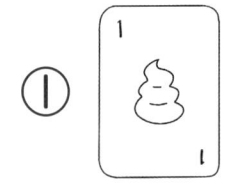

②  い

③  う

④ 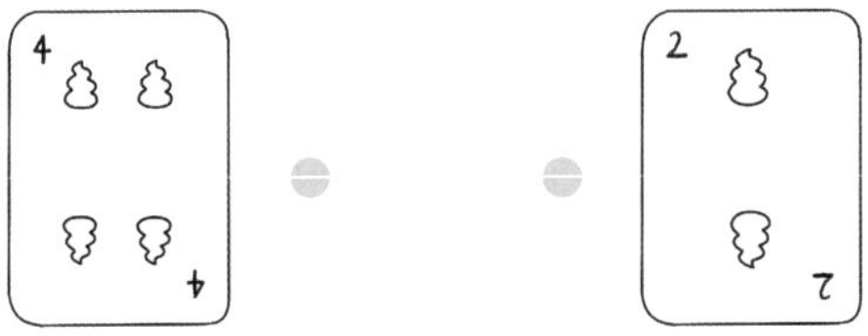 え

さんすう

# 5 あわせて　いくつ

月　　日　こたえ→74ページ

なまえ

とくてん　／100てん

テストなおし　100／100てん

**1** あわせて　いくつですか。えに　あう　しきに　○《まる》を　つけましょう。〔20てん〕

あ〔　〕　2＋2

い〔　〕　1＋4

う〔　〕　2＋3

**2** たしざんを　しましょう。　1もん5てん〔20てん〕

① 2＋1＝　　② 3＋2＝

③ 5＋2＝　　④ 4＋4＝

**3** あわせて　いくつですか。　しき10てん、こたえ5てん〔15てん〕

しき　　＋　　＝

こたえ　　こ

**4** きのう　5にんが　うんこを　もらしました。きょうは　3にん　もらしました。あわせて　なんにん　もらしましたか。　しき10てん、こたえ5てん〔15てん〕

しき　　＋　　＝

こたえ　　にん

**5** 　《わく》から　ことばや　かずを　えらび、「2＋4」の　しきに　なる　もんだいを　つくりましょう。　1つ10てん〔30てん〕

ランドセル《らんどせる》に　うんこが　　こ　はいって　います。ともだちの　かばんには　　こ　はいって　います。うんこは　　なんこ　ありますか。

4　2　あわせて　のこりは

# 6 ふえると いくつ

月　日　こたえ→75ページ

なまえ

とくてん　／100てん

テストなおし　／100てん

**1** ふえると いくつですか。えに あう しきに ○《まる》を つけましょう。〔20てん〕

あ〔　〕4＋2

い〔　〕4＋3

う〔　〕3＋4

**2** たしざんを しましょう。

1もん5てん〔20てん〕

① 2＋2＝　② 6＋2＝

③ 5＋4＝　④ 9＋1＝

**3** ふえると いくつですか。

しき10てん、こたえ5てん〔15てん〕

しき　＋　＝

こたえ　ひき

**4** ポケット《ぽけっと》から うんこが 2こ おちました。そのあと、さらに 5こ おちました。おちた うんこは ぜんぶで なんこですか。

しき10てん、こたえ5てん〔15てん〕

しき　＋　＝

こたえ　こ

**5** □《わく》から ことばや かずを えらび、「4＋1」の しきに なる もんだいを つくりましょう。

1つ10てん〔30てん〕

うんこメダル《めだる》を　こ もって いました。きょうの うんどうかいで さらに　こ もらいました。うんこメダル《めだる》は　なんこに なりますか。

| 4 | 1 | のこりは | ぜんぶで |
|---|---|---|---|

さんすう

# 7 のこりは　いくつ

月　日　こたえ→75ページ

なまえ

とくてん　/100てん

テストなおし　/100てん

**1** のこりは　いくつですか。
えに　あう　しきに　○《まる》を
つけましょう。〔20てん〕

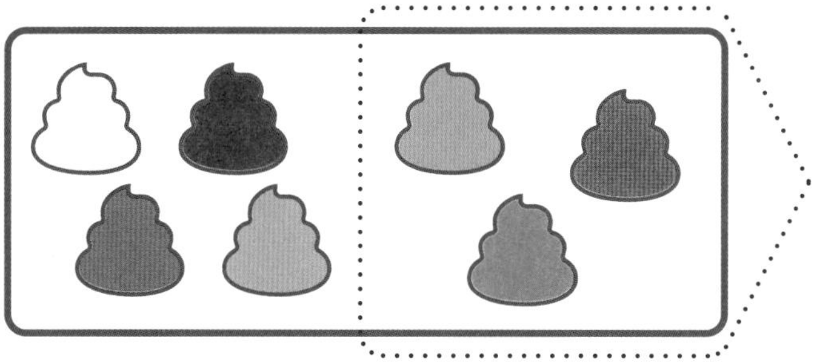

あ（　　）6－2

い（　　）7－3

う（　　）4－3

**2** ひきざんを　しましょう。
1もん5てん〔20てん〕

① 2－1＝　　② 7－4＝

③ 6－2＝　　④ 9－1＝

**3** のこりは　いくつですか。
しき10てん、こたえ5てん〔15てん〕

しき　　－　　＝

こたえ　　こ

**4** にちようびに　かわで
うんこを　5こ　つりました。
そのあと、3こは　かわに
もどして　あげました。
のこりは　なんこですか。
しき10てん、こたえ5てん〔15てん〕

しき　　－　　＝

こたえ　　こ

**5** □《わく》から　ことばや　かずを
えらび、「4－2」の　しきに
なる　もんだいを　つくりましょう。
1つ10てん〔30てん〕

うんこの　えを　　まい
かきました。そのうち　　まいは
ともだちに　あげました。えの
　　なんまいですか。

4　2　のこりは　ぜんぶで

# 8 ちがいは　いくつ

月　　日　こたえ→75ページ

なまえ

とくてん　/100てん

テストなおし　/100てん

**1** ちがいは　いくつですか。
えに　あう　しきに　○《まる》を
つけましょう。

〔20てん〕

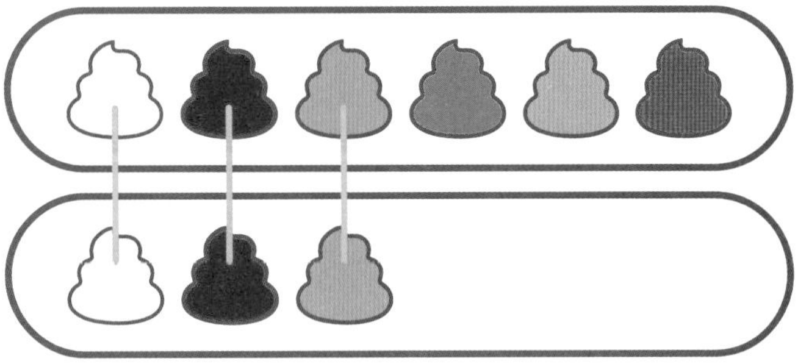

あ　〔　　〕　6＋3

い　〔　　〕　6－2

う　〔　　〕　6－3

**2** ひきざんを　しましょう。

1もん5てん〔20てん〕

① 8－1＝　　② 7－2＝

③ 6－5＝　　④ 9－6＝

**3** ちがいは　いくつですか。

しき10てん、こたえ5てん〔15てん〕

しき　　－　　＝

こたえ　　ぼん

**4** りょこうで、おとうさんは　7かい　うんこを　ふみ、おかあさんは　4かい　うんこを　ふみました。うんこを　ふんだ　かいすうの　ちがいは　いくつですか。

しき10てん、こたえ5てん〔15てん〕

しき　　－　　＝

こたえ　　かい

**5** □《わく》から　ことばや　かずを　えらび、「5－3」の　しきに　なる　もんだいを　つくりましょう。

1つ10てん〔30てん〕

ぼくは　こんしゅう　　かい　うんこの　ゆめを　みて、ともだちは　　かい　みたそうです。うんこの　ゆめを　みた　かいすうの　　なんかいですか。

3　5　ちがいは　のこりは

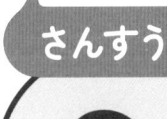

さんすう

# 9 0と いう かず・0の けいさん

月　日 こたえ→75ページ

なまえ

とくてん　/100てん

テストなおし　100/100てん

**1** うんこすばこに いる とりの かずを かきましょう。

1もん5てん〔15てん〕

①

②

③

□　□　□

**2** □《うんこます》に あう すうじを かきましょう。

1もん10てん〔30てん〕

① 0 − 1 − □ − □

② □ − 2 − 4 − □ − 8 − □

③ 3 − □ − 1 − □

**3** けいさんを しましょう。

1もん5てん〔15てん〕

① 3＋0＝□　② 6−6＝□

③ 7−0＝□

**4** あさに 4かい うんこが でたので、よるは うんこが でずに 0かいでした。
あわせて なんかい うんこを しましたか。 しき10てん、こたえ10てん〔20てん〕

しき □＋□＝

こたえ　　かい

**5** わたしは 5こ うんこを もって いました。いもうとが ほしがるので、5こ あげました。
わたしの うんこは なんこに なりましたか。

しき10てん、こたえ10てん〔20てん〕

しき □−□＝

こたえ　　こ

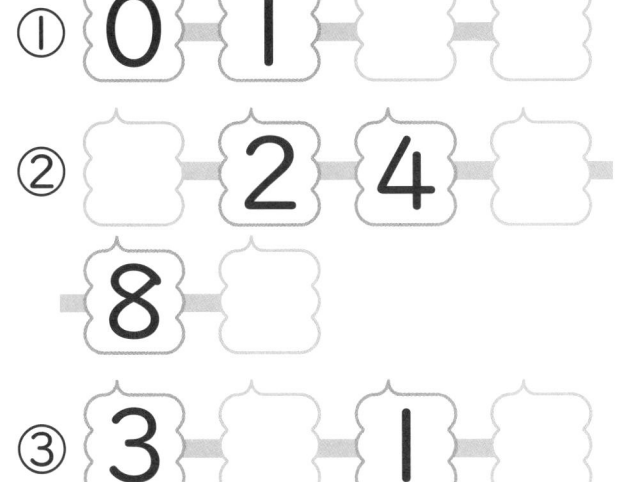

さんすう

# 10 20までの　かず

月　　日　こたえ→75ページ

なまえ

とくてん　/100てん

テスト なおし　/100てん

**1** うんこえんぴつの　かずを　□《うんこます》に　かきましょう。

1もん10てん〔20てん〕

① 

□□ ぽん

② 

□□ ほん

**2** かずを　かぞえて、□《うんこます》に　かきましょう。

〔5てん〕

□□

**3** □《うんこます》に　あう　かずを　かきましょう。

1もん5てん〔20てん〕

① 10と　2で　□

② 10と　9で　□

③ 14は、10と　□

④ 20は、10と　□

**4** かずのせんの　□《うんこます》に　あう　かずを　かきましょう。

1もん5てん〔15てん〕

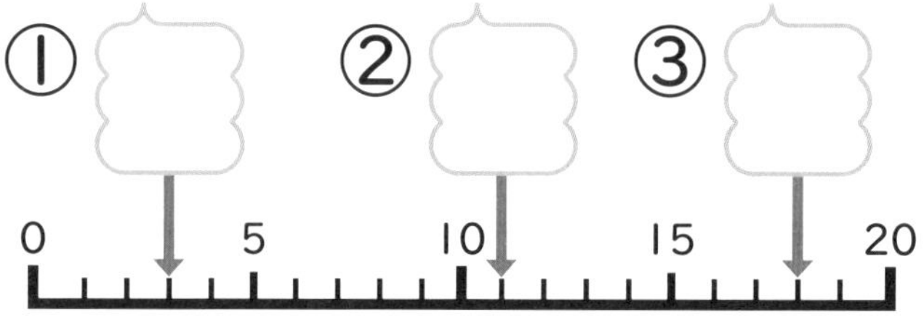


**5** □《うんこます》に　あう　かずを　かきましょう。

1もん10てん〔20てん〕

① 19より　1　おおきい　かず　□

② 18より　3　ちいさい　かず　□

**6** それぞれの　かずを　かぞえて、□《うんこます》に　かきましょう。〔　〕《かっこ》には　かずが　おおきい　ほうに　○《まる》を、ちいさい　ほうに　×《ばつ》を　つけましょう。

1つ5てん〔20てん〕

あ 

□　〔　〕

い 

□　〔　〕

さんすう

# 11 20までの かずの　けいさん

月　日　こたえ→76ページ

なまえ

とくてん　/100てん

テスト なおし　/100てん

## 1 しきに　かいて、けいさんを しましょう。

〔15てん〕

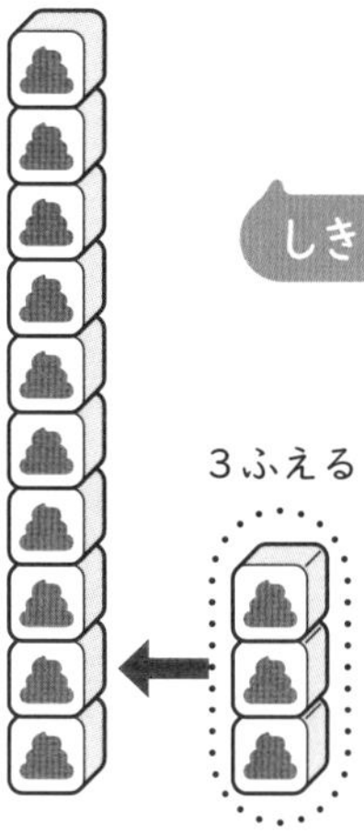


しき　□＋□＝

## 2 たしざんを　しましょう。

1もん5てん〔20てん〕

① 10＋4　② 12＋5

③ 17＋2　④ 13＋3

## 3 うんこを　まなべる うんこスクール《すくうる》には、こどもが　16にん、うんこマスター《ますたあ》が 3にん　います。あわせて　なんにん　いますか。

しき10てん、こたえ5てん〔15てん〕

しき

こたえ　＿＿＿＿にん

## 4 しきに　かいて、けいさんを しましょう。

〔15てん〕

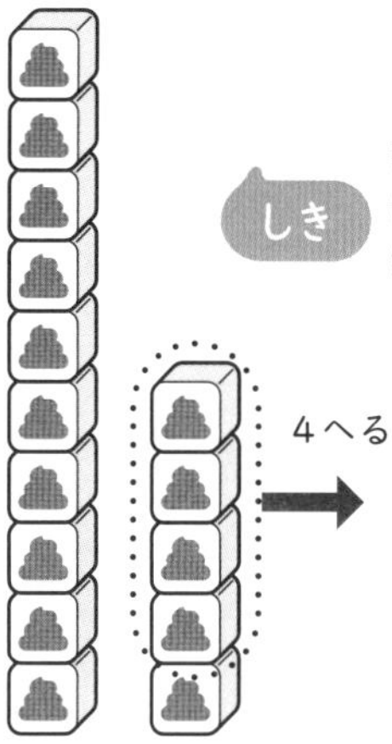


しき　□－□＝

## 5 ひきざんを　しましょう。

1もん5てん〔20てん〕

① 13－2　② 17－5

③ 16－6　④ 19－3

## 6 1くみには　うんこが　すきな ひとが　18にん　いて、2くみは 4にんだけでした。うんこが　すきな ひとの　かずの ちがいは なんにんですか。

しき10てん、こたえ5てん〔15てん〕

しき

こたえ　＿＿＿＿にん

さんすう

# 12 なんじ・なんじはん

月　　日　こたえ→76ページ

なまえ

とくてん　／100てん

テスト なおし　100／100てん

## 1 つぎの　うんこどけいに　ついて　こたえましょう。

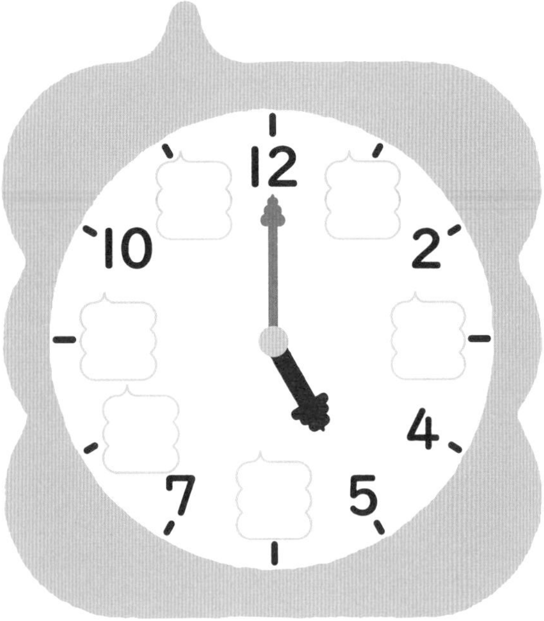


① うんこどけいの　□《うんこます》に　あう　すうじを　かきましょう。

1つ5てん〔30てん〕

② なんじですか。

〔10てん〕

〔　　　　〕

## 2 なんじはんですか。〔　〕《かっこ》に　かきましょう。

1もん 10てん〔20てん〕

①

②

〔　　　　〕　〔　　　　〕

## 3 つぎの　とけいが　なんじ・なんじはんか、〔　〕《かっこ》に　かきましょう。

1もん 10てん〔40てん〕

①〔　　　　〕

②〔　　　　〕

③〔　　　　〕

④〔　　　　〕

さんすう

# 13 ながさくらべ

月　　日　こたえ→76ページ

なまえ

とくてん　/100てん

テストなおし　100/100てん

**1** うんこのばしたいかいが
ひらかれました。
あ・いの　うんこの　ながさを
くらべて、ながい　ほうの
きごうを　かきましょう。

1もん10てん〔20てん〕

①〔　　〕

あ

い

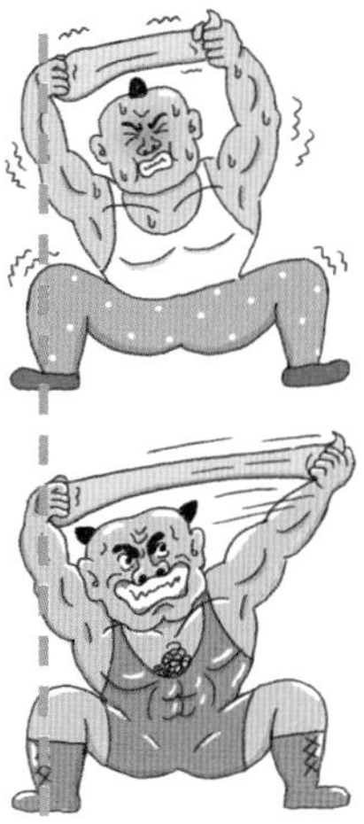

②〔　　〕

あ　い

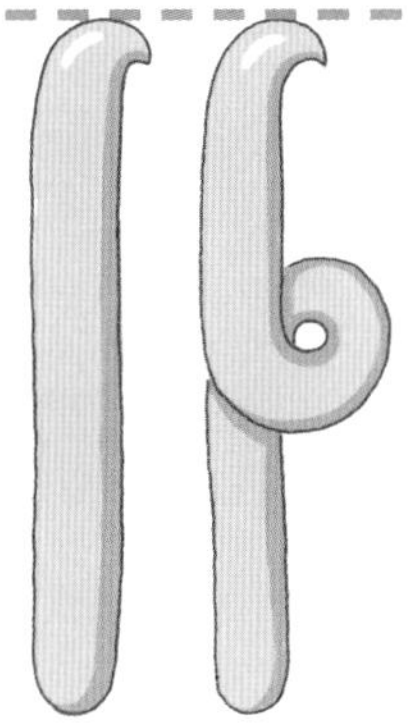

**2** うんこの　まわりの　ながさを、
まいた　テープ《てえぷ》の　ながさで
くらべます。ながい　ほうに
○《まる》を　つけましょう。

〔20てん〕

あ  → あの　まわりの　ながさ  〔　　〕

い  → いの　まわりの　ながさ  〔　　〕

**3** おなじ　ながさの　カード《かあど》を
つかって、ほんの　たてと
よこの　ながさを　くらべます。
ながい　ほうの　〔　〕《かっこ》に　○《まる》を
つけましょう。

〔20てん〕

よこ〔　　〕

たて〔　　〕

**4** ながさを　くらべて
こたえましょう。

1もん20てん〔40てん〕

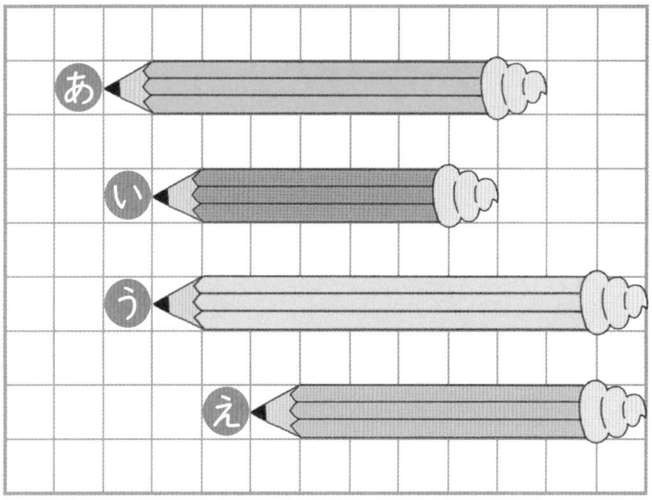


① あ～えで　いちばん　ながい
ものは、〔　　〕です。

② いと　うの　ながさの
ちがいは〔　　〕ますぶんです。

さんすう

# 14 ひろさくらべ

月　日 こたえ→76ページ

なまえ

とくてん　/100てん

テスト なおし　/100てん

**1** いろいろな　おおきさを　した　あ・いの　うんこハンカチ《はんかち》が　あります。ひろさを　くらべて、ひろい　ほうに　○《まる》を　つけましょう。

1もん 10てん〔20てん〕

① あ　い

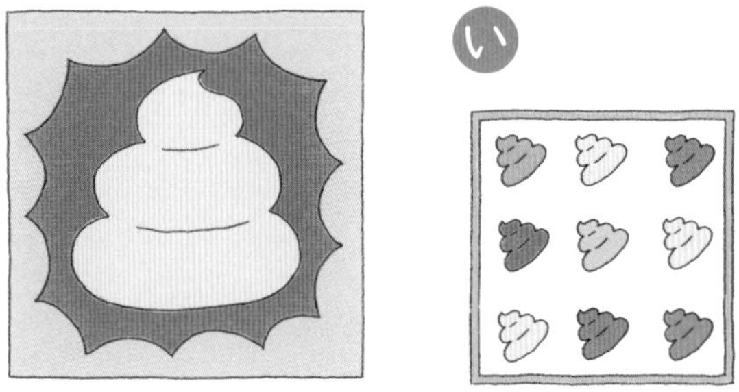

（　）　（　）

② あ　い

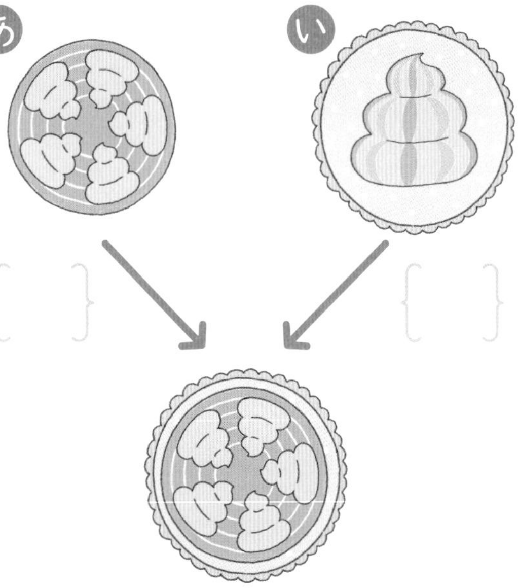

（　）　（　）

**2** ふんだ　うんこの　おおきさを　くらべて、ひろい　ほうに　○《まる》を　つけましょう。

〔20てん〕

あ（　）

い（　）

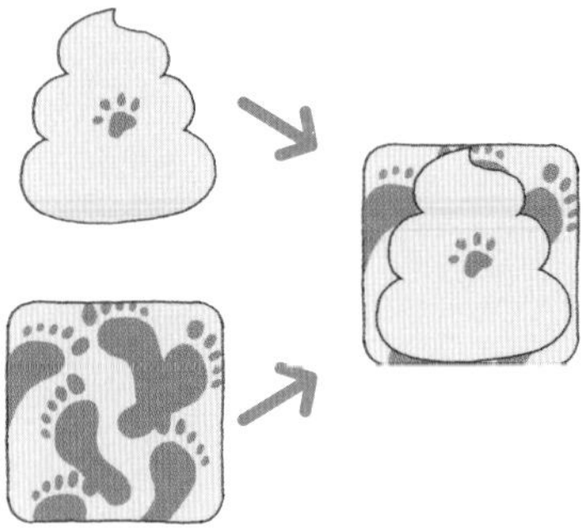

**3** あ、い、うのように　うんこを　ますに　うめて　いろんな　かたちを　つくりました。

① それぞれ　なんます　つかって　いるか、□《うんこます》に　かきましょう。

1つ 10てん〔30てん〕

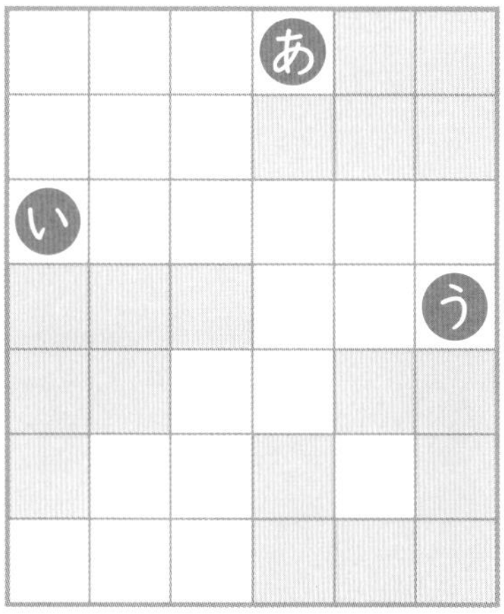

あ　□ ます

い　□ ます

う　□ ます

② あ、い、うを　ひろい　じゅんに　ならべましょう。

〔30てん〕

ひろい（　）→（　）→（　）せまい

# 15 かさくらべ

月　　日　こたえ→76ページ

とくてん　／100てん

テスト なおし　100／100てん

なまえ

**1 どちらの　かさが　おおいですか。おおい　ほうに　○《まる》を　つけましょう。**

1もん20てん〔40てん〕

①おなじ　たかさまで　みずが　はいった　いれもので　くらべる。

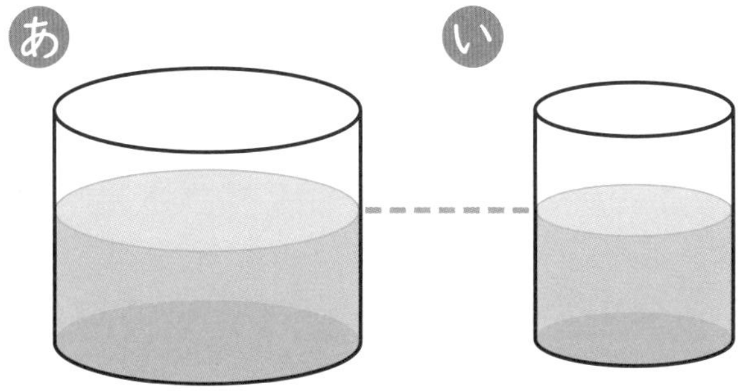


②あに　ためた　みずを　いに　いれて　くらべる。

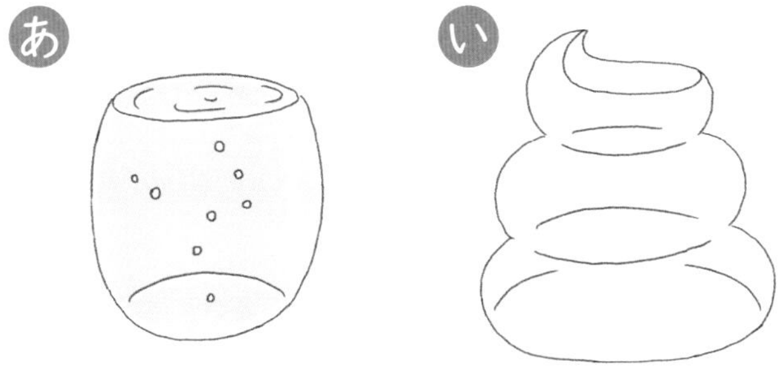


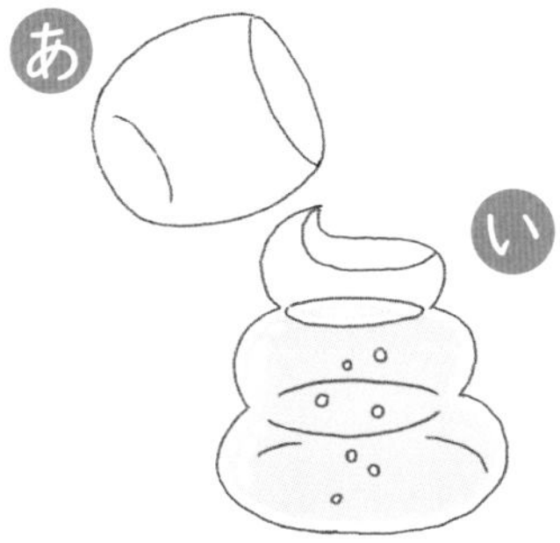


**2 あと　いに　いっぱいに　いれた　みずの　かさを、おなじ　おおきさの　コップ《こっぷ》を　つかって　くらべます。**

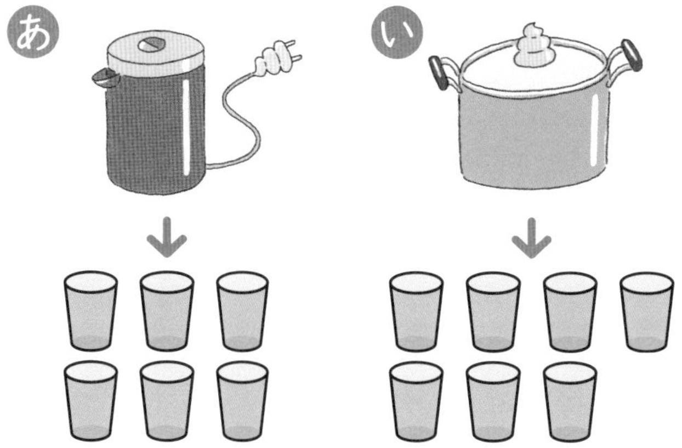


①あと　いの　みずは　それぞれ　コップ　なんばいぶんですか。

1つ10てん〔20てん〕

あ　　ぱい　い　　はい

②あと　いは　どちらの　ほうが　どれだけ　おおく　みずが　はいりますか。

1つ10てん〔20てん〕

〔　〕の　ほうが〔　〕ぱいぶん　おおく　はいる。

③いに　いっぱいに　いれた　みずを　あに　いれると　どうなるか　えらびましょう。

〔20てん〕

みずが〔あふれる・あふれない〕。

さんすう

# 16 3つの　かずの　けいさん ①

月　　日　こたえ→77ページ

なまえ

とくてん　／100てん

テストなおし　100／100てん

**1** 3つの　かずを　1つの　しきに　して、けいさんを　しましょう。

〔15てん〕

2こ　あります　　3こ　ふえます　　1こ　ふえます

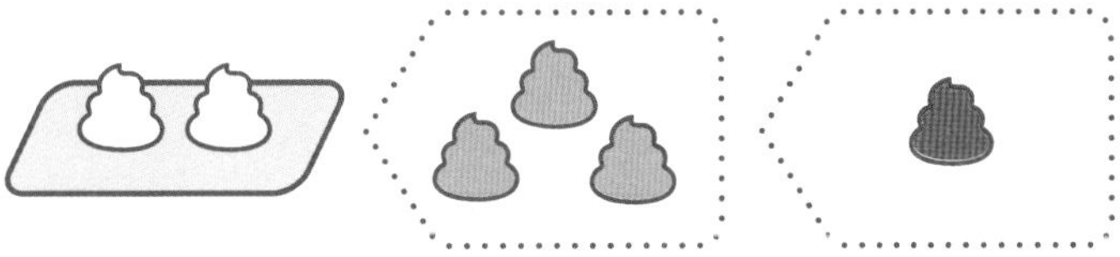

しき

**2** けいさんを　しましょう。

1もん5てん〔15てん〕

① 4＋2＋1

② 3＋5＋2

③ 2＋8＋5

**3** やまで　「うんこ！」と　あにが　7かい　さけび、おとうとは　3かい　さけびました。ぼくは　まけたく　なくて　8かい　さけびました。あわせて　なんかい　さけびましたか。

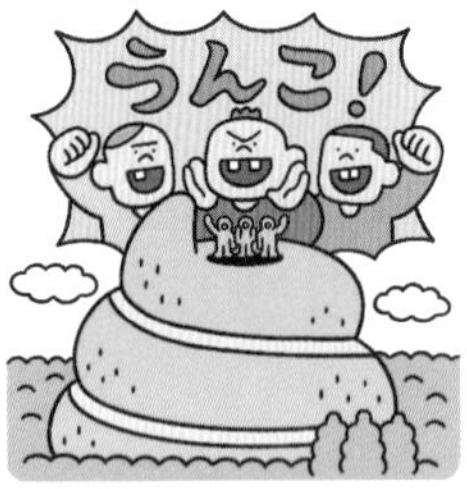


しき10てん、こたえ10てん〔20てん〕

しき

こたえ　　かい

**4** 3つの　かずを　1つの　しきに　して、けいさんを　しましょう。

〔15てん〕

6こ　あります　　3こ　あげます　　2こ　あげます

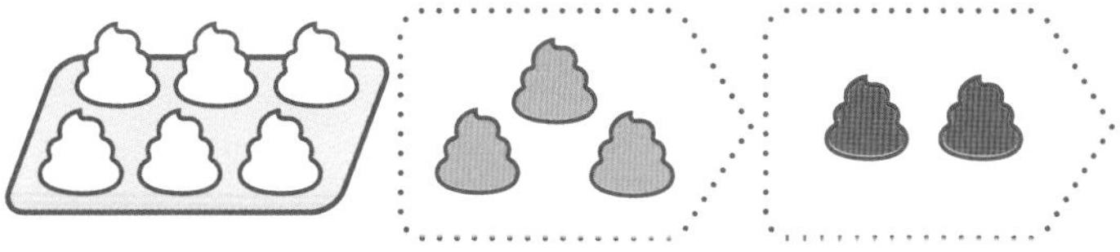

しき

**5** けいさんを　しましょう。

1もん5てん〔15てん〕

① 7−1−3

② 9−4−2

③ 15−5−5

**6** うんこの　てんさいが　13にん　いました。そのうち　3にんが　うんこの　プロ《ぷろ》と　なり、7にんは　プロ《ぷろ》を　めざして　たびに　でました。のこった　うんこの　てんさいは　なんにんですか。

しき10てん、こたえ10てん〔20てん〕

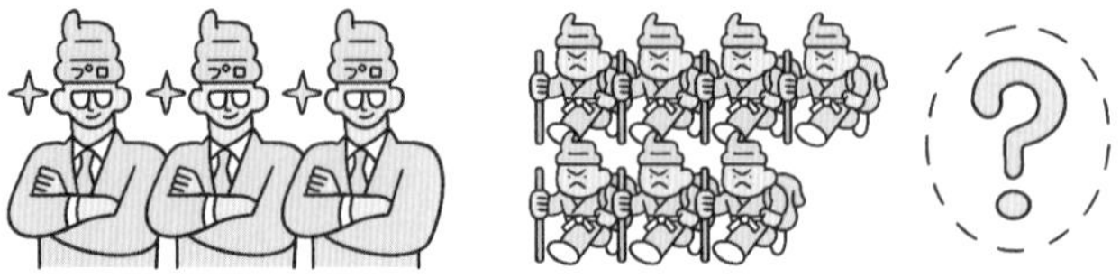

しき

こたえ　　にん

さんすう

# 17 3つの　かずの　けいさん ②

月　　日　こたえ→77ページ

なまえ

とくてん　/100てん

テストなおし　100/100てん

**1** 3つの　かずを　1つの　しきに　して、けいさんを　しましょう。

〔10てん〕

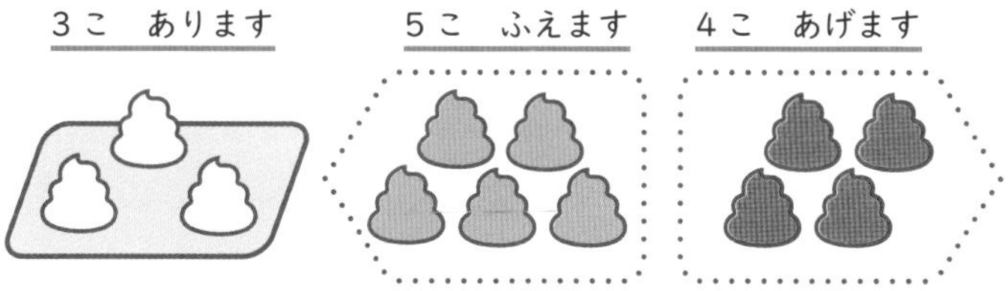
3こ　あります
5こ　ふえます
4こ　あげます

しき〔　　　　〕

**2** 3つの　かずを　1つの　しきに　して、けいさんを　しましょう。

〔10てん〕

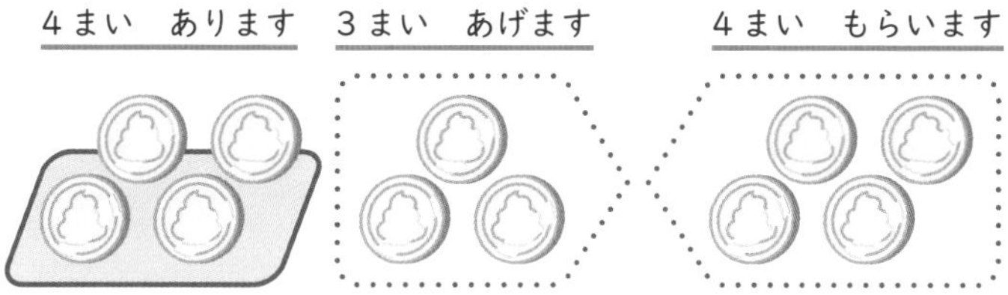
4まい　あります
3まい　あげます
4まい　もらいます

しき〔　　　　〕

**3** けいさんを　しましょう。

1もん10てん〔40てん〕

① 4＋5－3

② 8＋2－5

③ 9－3＋2

④ 14－4＋7

**4** まぼろしの　うんこを　みに　7にんが　ならんで　いると、さらに　3にん　やって　きました。でも　なかなか　じゅんばんが　こないので　6にん　かえりました。のこった　ひとは　なんにんですか。

しき10てん、こたえ10てん〔20てん〕

まぼろしの
うんこ

しき

こたえ　＿＿＿にん

**5** やまで　うんこがりを　すると、すぐに　うんこが　12こ　とれましたが、2こ　おとして　しまいました。くやしかったので、さらに　5こ　とりました。いま　うんこは　なんこ　ありますか。

しき10てん、こたえ10てん〔20てん〕

しき

こたえ　＿＿＿こ

さんすう

# 18 くりあがりの ある たしざん ①

月　　日　　こたえ→77ページ

こたえ→77ページ

なまえ

とくてん　／100てん

テスト なおし　／100てん

**1** 9＋3の　けいさんを　します。
□《うんこます》に　あう　かずを
かきましょう。〔すべてできると 30 てん〕

しき　9＋3＝□（う）

10　1（あ）　□（い）

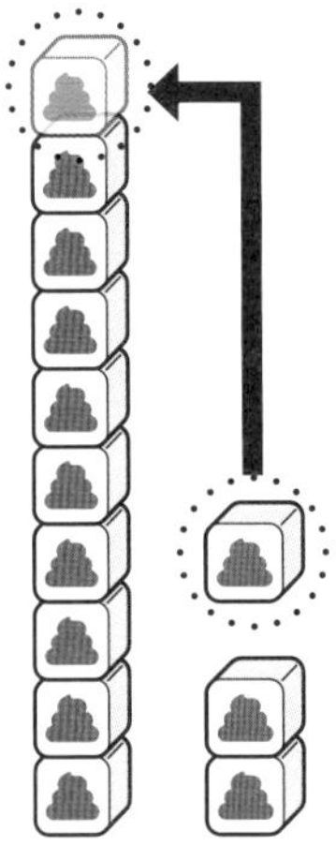

9に　□（あ）を　たして　10。

10と　□（い）で　□（う）。

**2** けいさんを　しましょう。
1もん5てん〔20てん〕

① 9＋2　② 8＋4

③ 7＋5　④ 9＋7

**3** 5＋8の　けいさんを　します。
□《うんこます》に　あう　かずを
かきましょう。〔すべてできると 30 てん〕

しき　5＋8＝□（う）

□（い）　2（あ）　10

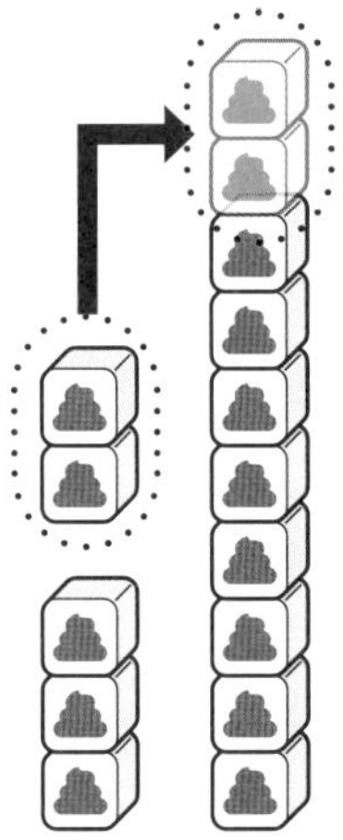

8に　□（あ）を　たして　10。

□（い）と　10で　□（う）。

**4** けいさんを　しましょう。
1もん5てん〔20てん〕

① 6＋9　② 5＋6

③ 6＋7　④ 8＋9

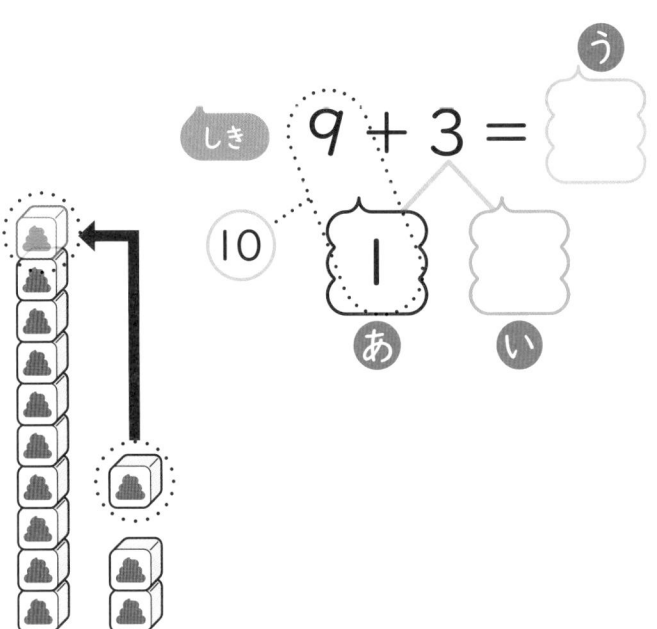

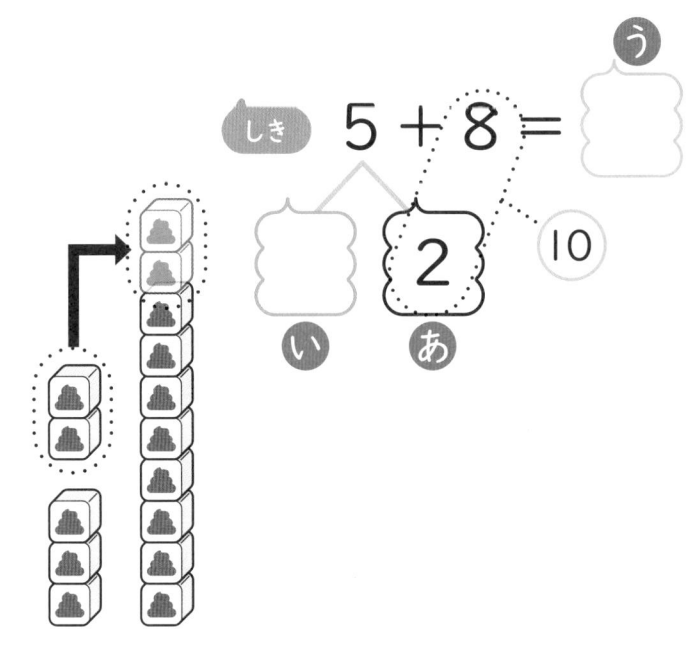

さんすう

# 19 くりあがりの ある たしざん②

月　日　こたえ→77ページ

なまえ

とくてん　/100てん

テスト なおし　100 /100てん

**1** □《うんこます》に あう かずを かきましょう。　1もん15てん〔30てん〕

① 7＋5＝□ う

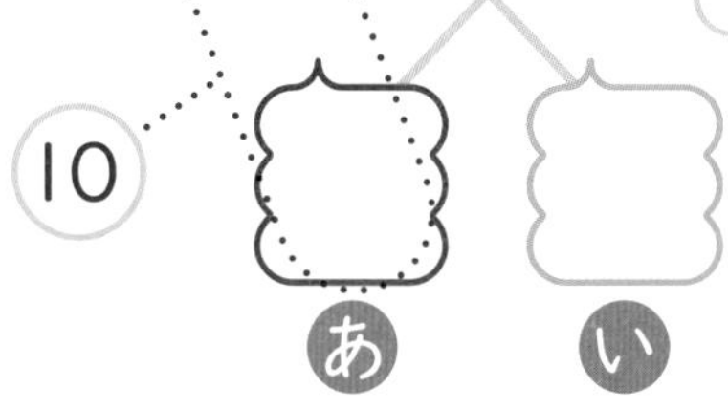


② 6＋9＝□ う

**2** こたえが おなじに なる カード《かあど》を —《せん》で つなぎましょう。　〔すべてできると20てん〕

| | | |
|---|---|---|
| ① 8＋7 | ・　・ | 7＋6 あ |
| ② 7＋4 | ・　・ | 6＋9 い |
| ③ 9＋4 | ・　・ | 3＋8 う |

**3** けいさんを しましょう。　1もん5てん〔20てん〕

① 9＋5　② 5＋7

③ 8＋8　④ 6＋8

**4** こんげつ ぼくは せんせいから べんきょうの ことで 9かい、うんこの ことで 3かい ほめられました。あわせて なんかい ほめられましたか。

しき10てん、こたえ5てん〔15てん〕

しき

こたえ　　かい

**5** クラス《くらす》で うんこを すきな ひとが 4にんだったので、みんなに うんこの すごさを はなすと、うんこを すきな ひとが 9にん ふえました。うんこが すきな ひとは なんにんに なりましたか。

しき10てん、こたえ5てん〔15てん〕

しき

こたえ　　にん

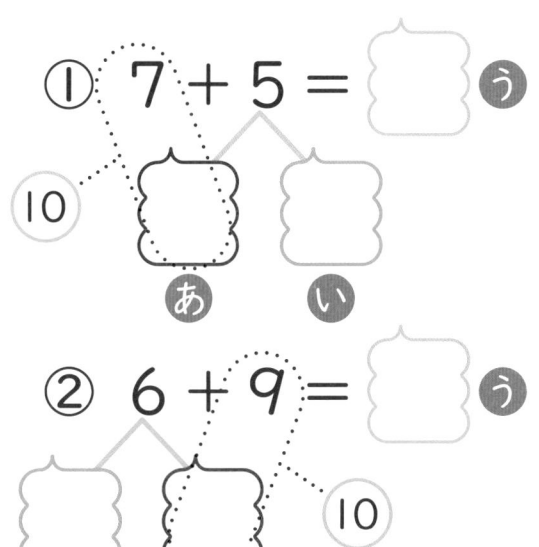

さんすう

# 20 くりさがりの　ある　ひきざん①

月　　日　こたえ→77ページ

とくてん　／100てん

なまえ

テスト　なおし　／100てん

## 1 12－6の　けいさんを　します。

□《うんこます》に　あう　かずを　かきましょう。

〔すべてできると 30 てん〕

しき　12－6＝□ う

10　2

い □　　あ 6

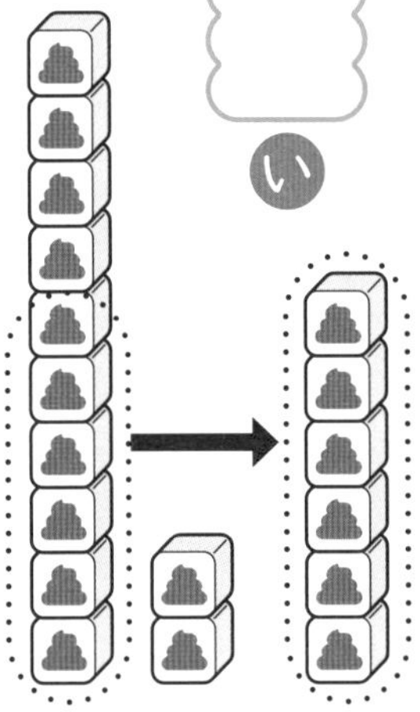

2から　6は　ひけないので、

10から あ □を　ひいて い □。

い □と　2で う □。

## 2 けいさんを　しましょう。

1もん5てん〔20てん〕

① 14－8　② 16－7

③ 13－6　④ 18－9

## 3 13－4の　けいさんを　します。

□《うんこます》に　あう　かずを　かきましょう。

〔すべてできると 30 てん〕

しき　13－4＝□ う

10　3　4

あ 3　　い □

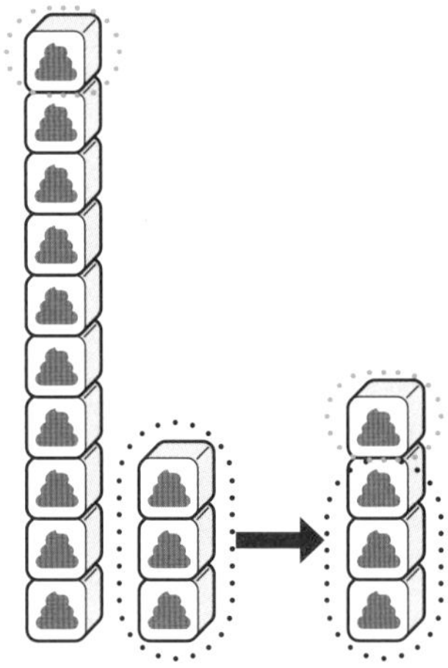

3から　4は　ひけないので、

4から あ □を　ひいて い □。

10から い □を　ひいて う □。

## 4 けいさんを　しましょう。

1もん5てん〔20てん〕

① 15－7　② 17－8

③ 11－3　④ 13－9

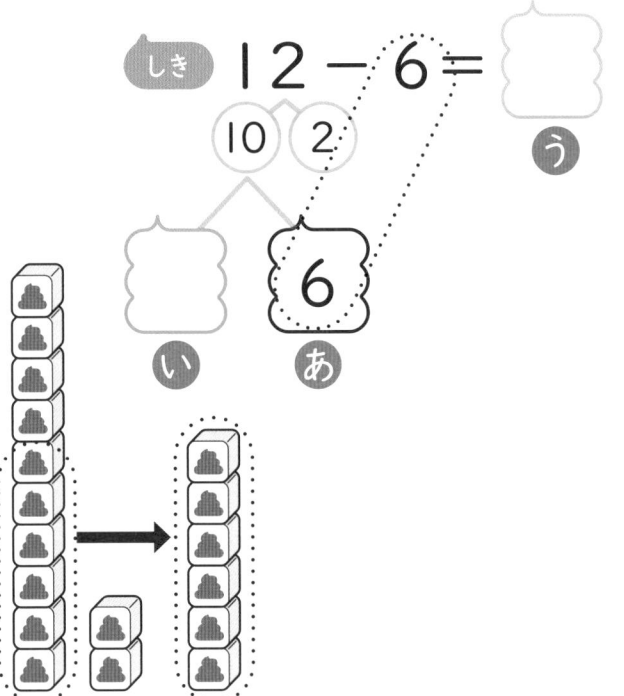

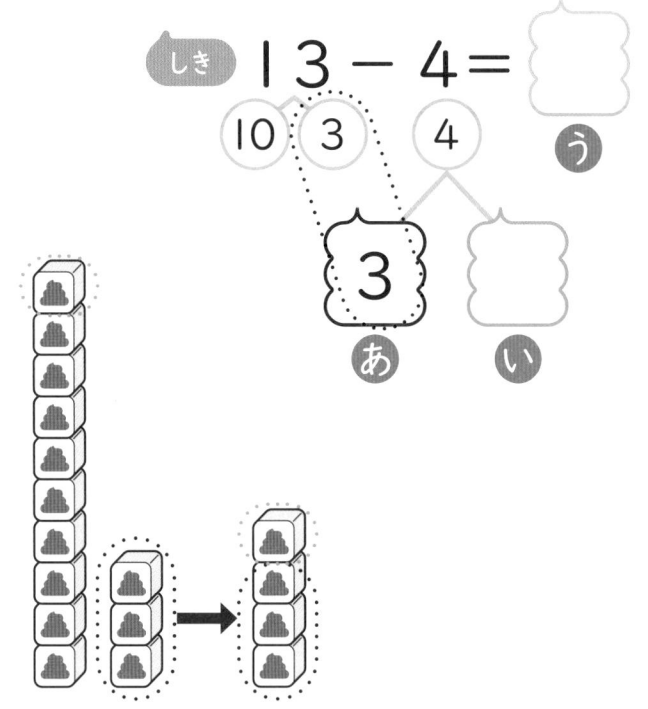

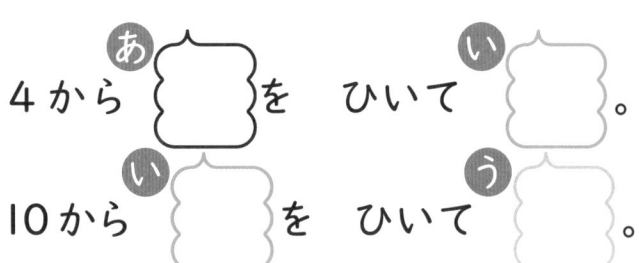

さんすう

# 21 くりさがりの ある ひきざん②

月　日

こたえ→78ページ

とくてん　／100てん

テスト なおし　100／100てん

なまえ

**1** □《うんこます》に あう かずを かいて けいさんを しましょう。

1もん15てん〔30てん〕

①12－4＝□ う

10　2

□ い　□ あ

②15－6＝□ う

10　5　6

□ あ　□ い

**2** こたえが おなじに なる カード《かあど》を ―《せん》で つなぎましょう。

〔すべてできると20てん〕

① 17－9　・　・ 13－6 あ

② 14－7　・　・ 17－8 い

③ 13－4　・　・ 15－7 う

**3** けいさんを しましょう。

1もん5てん〔20てん〕

① 15－8　② 14－9

③ 12－3　④ 11－6

**4** でんせつの うんこを さがしに 14にんの たんけんたいが やまに のぼりました。しかし、あまりに たいへんで 5にん かえりました。たんけんたいで のこった ひとは なんにんですか。

しき10てん、こたえ5てん〔15てん〕

しき

こたえ　　にん

**5** あねは りょうてで 16こ うんこを もてましたが、ぼくは 8こでした。あねは ぼくより うんこを なんこ おおく もつ ことが できましたか。

しき10てん、こたえ5てん〔15てん〕

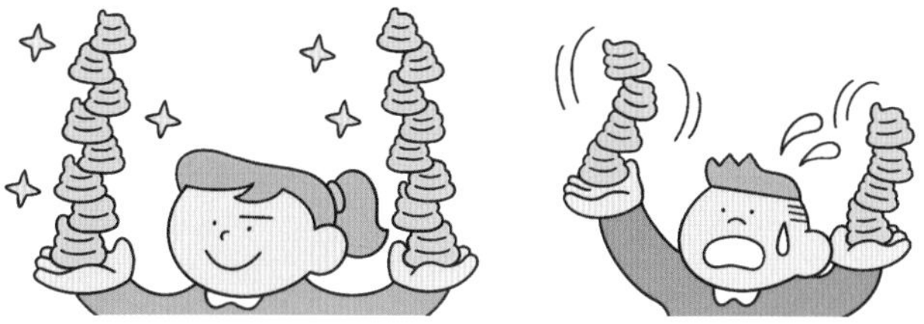

しき

こたえ　　こ

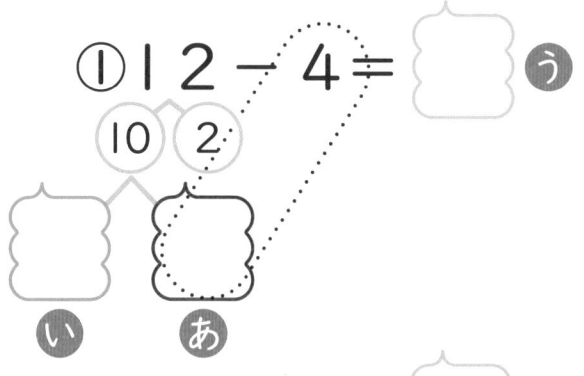

さんすう

# 22 大《おお》きい　かず

月　　日　こたえ→78ページ

なまえ

とくてん　/100てん

テストなおし　100 /100てん

**1** うんこえんぴつの　かずを　□《うんこます》に　かきましょう。 1もん5てん〔10てん〕

① 

□□ 本《ぽん》

② 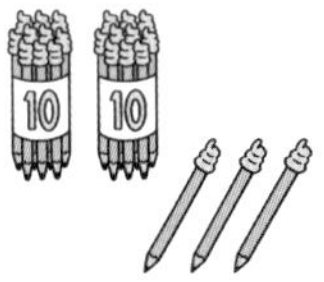

□□ 本《ぽん》

**2** かずを　かぞえて　□《うんこます》に　かきましょう。 〔10てん〕

□□

**3** □《うんこます》に　あう　かずを　かきましょう。 1もん10てん〔30てん〕

① 10が　6こで　□。

② 10が　7こと
1が　4こで　□。

③ 82は、10が　□こと
1が　□こ。

**4** かずのせんの　□《うんこます》に　あう　かずを　かきましょう。 1つ5てん〔30てん〕

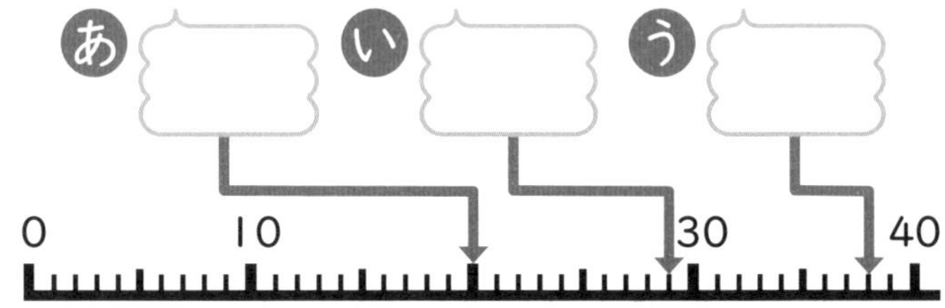


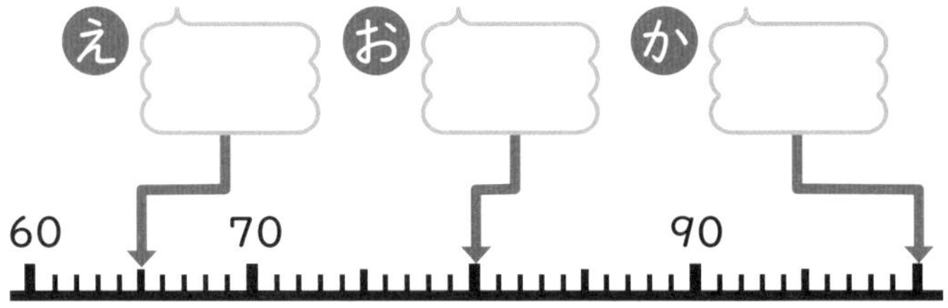


**5** □《うんこます》に　あう　かずを　かきましょう。 1もん5てん〔10てん〕

① 99より　1
大《おお》きい　かず　□

② 73より　4
小《ちい》さい　かず　□

**6** かずが　いちばん　大《おお》きい　カード《かあど》に　○《まる》を　つけましょう。 1もん5てん〔10てん〕

① ・67　・72　・70

② ・115　・105　・120

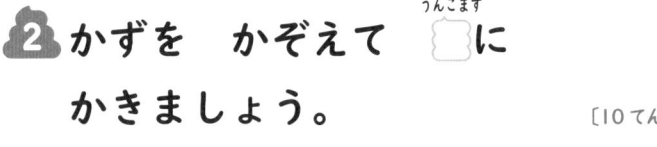

さんすう

# 23 大《おお》きい かずの けいさん

月　　日 こたえ→78ページ

なまえ

とくてん　/100てん

テスト なおし　/100てん

## 1 ずを 見《み》て けいさんしましょう。

しき 10てん、こたえ5てん〔15てん〕

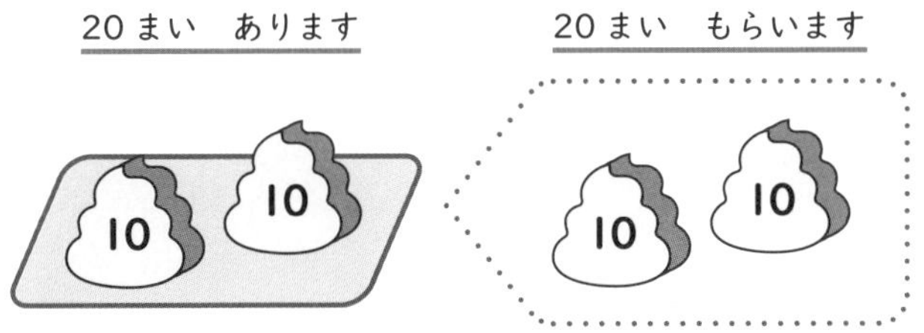


20まい あります
20まい もらいます

しき

こたえ　　まい

## 2 きのう、こうばんに うんこの おとしものが 50こ とどきました。 きょうは、9こ とどきました。 うんこの おとしものは あわせて なんこ ありますか。

おとしものコーナー

しき 10てん、こたえ5てん〔15てん〕

しき

こたえ　　こ

## 3 たしざんを しましょう。

1もん5てん〔20てん〕

① 50＋30　② 10＋60

③ 80＋7　④ 60＋40

## 4 ずを 見《み》て けいさんしましょう。

しき 10てん、こたえ5てん〔15てん〕

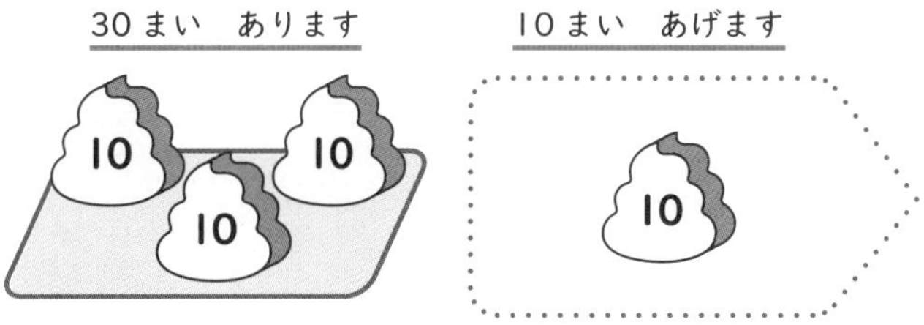


30まい あります
10まい あげます

しき

こたえ　　まい

## 5 まつりの やたいで 77この 水《みず》うんこが うられて いました。 それを 見《み》た おや子《こ》が 7こ かって かえりました。 のこりの 水《みず》うんこは なんこ ですか。

しき 10てん、こたえ5てん〔15てん〕

しき

こたえ　　こ

## 6 ひきざんを しましょう。

1もん5てん〔20てん〕

① 70－30　② 100－40

③ 67－7　④ 52－2

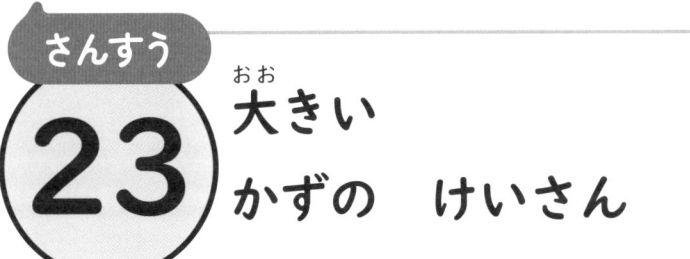

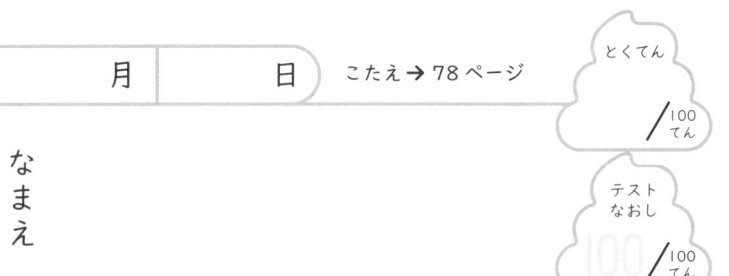

さんすう

# 24 なんじなんぷん

月　　日　こたえ → 78 ページ

なまえ

とくてん　/100 てん

テスト なおし　100/100 てん

## 1 とけいが　なんじなんぷんか、［　］《かっこ》に　かきましょう。

1 もん 10 てん〔40 てん〕

あさ

① ［　　　　］

ひる

② ［　　　　］

夕《ゆう》がた

③ ［　　　　］

よる

④ ［　　　　］

## 2 つぎの　じかんに　なるように、とけいに　ながい　はりを　かきましょう。

1 もん 10 てん〔30 てん〕

① 11 じ 5 ふん

② 2 じ 37 ふん

③ 6 じ 28 ぷん

## 3 おなじ　じかんどうしを　―《せん》で　つなぎましょう。

1 もん 10 てん〔30 てん〕

① 3 じ 24 ぷん ●　　● 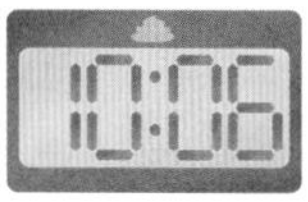

あ

② 10 じ 6 ぷん ●　　● 

い

③ 8 じ 57 ふん ●　　● 

う

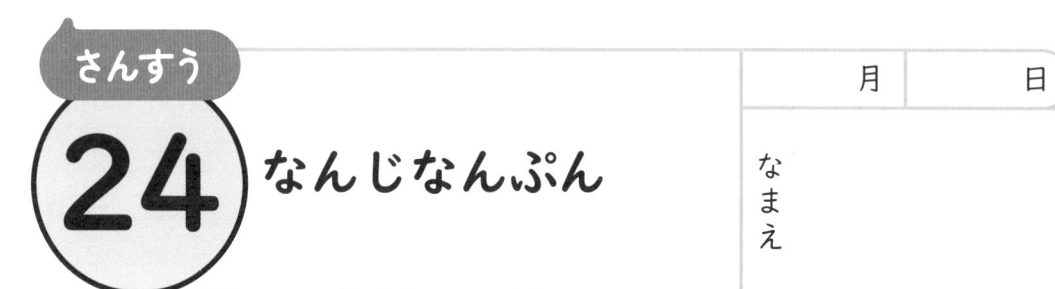

# 25 ずを　つかって　かんがえよう ①

月　　日　こたえ→78ページ

なまえ

とくてん　　/100てん

テストなおし　100 /100てん

**1** わたしは　うんこスタンプ《すたんぷ》を　おす　れつの　まえから　4ばん目《め》に　います。わたしの　うしろには　6人《にん》　ならんで　います。ぜんぶで　なん人《にん》　ならんで　いますか。

しき 15 てん、こたえ 10 てん〔25 てん〕

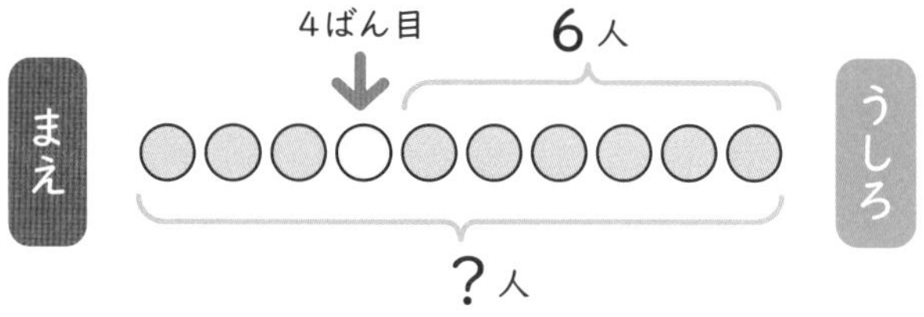


しき

こたえ　　　　人《にん》

**2** びじゅつかんの　れつに　11人《にん》　ならんで　います。ぼくは　れつの　まえから　5ばん目《め》に　います。ぼくの　うしろには　なん人《にん》　ならんで　いますか。

しき 15 てん、こたえ 10 てん〔25 てん〕

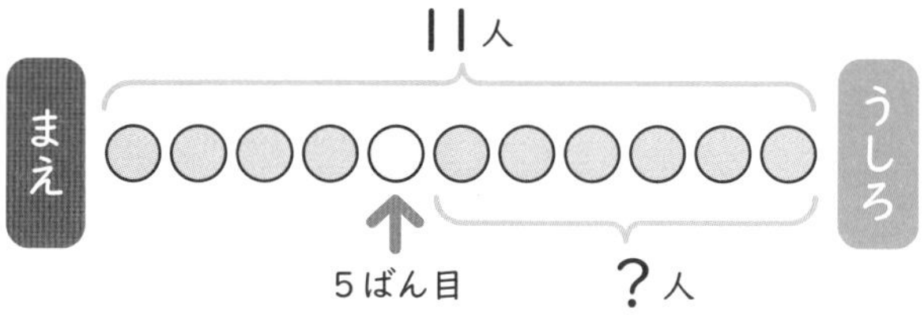


しき

こたえ　　　　人《にん》

**3** サイン《さいん》かいで、アイドル《あいどる》の　れつに　5人《にん》　ならびました。うんこヒーロー《ひいろう》の　れつは、アイドル《あいどる》の　れつより　7人《にん》　おおいです。うんこヒーロー《ひいろう》の　れつは　なん人《にん》　ならんで　いますか。

しき 15 てん、こたえ 10 てん〔25 てん〕

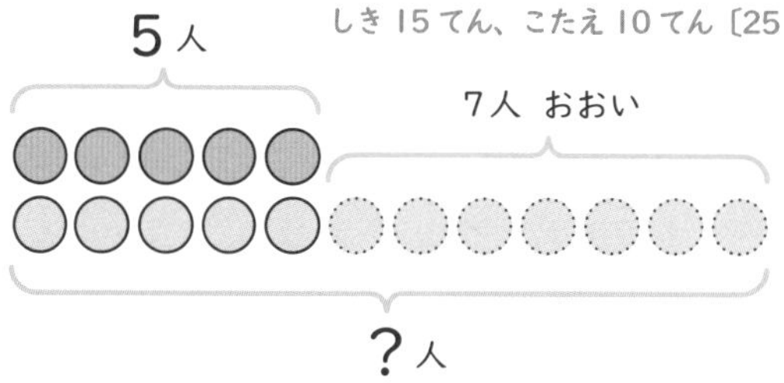


しき

こたえ　　　　人《にん》

**4** ちょうれいで　1年生《ねんせい》が　13人《にん》　ならんで　います。2年生《ねんせい》は　うんこに　いって　いて、1年生《ねんせい》より　7人《にん》　すくないです。2年生《ねんせい》の　れつは　なん人《にん》ですか。

しき 15 てん、こたえ 10 てん〔25 てん〕

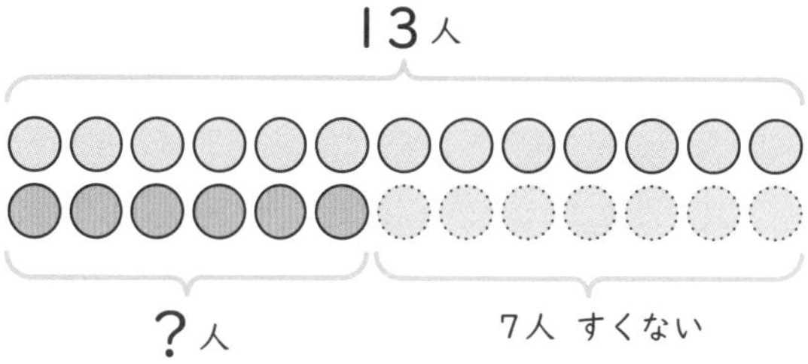


しき

こたえ　　　　人《にん》

さんすう

# 26 ずを　つかって　かんがえよう ②

月　　日　こたえ→79ページ

なまえ

とくてん　／100てん

テスト なおし　／100てん

**1** 人気《にんき》の　うんこふくを　かう　ため　12人《にん》　ならんで　いて、おかあさんは　れつの　うしろから　6ばん目《め》です。おかあさんの　まえには　なん人《にん》　いますか。　しき15てん、こたえ10てん〔25てん〕

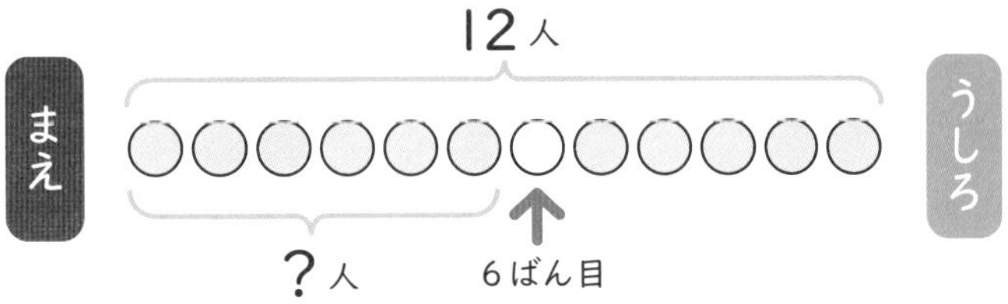


しき

こたえ　　人《にん》

**2** 6年生《ねんせい》と　1年生《ねんせい》が　ペア《ぺあ》で　うんこを　見《み》に　いきます。6年生《ねんせい》は　14人《にん》、1年生《ねんせい》は　9人《にん》　います。ペア《ぺあ》に　なれて　いない　6年生《ねんせい》は　なん人《にん》ですか。　しき15てん、こたえ10てん〔25てん〕

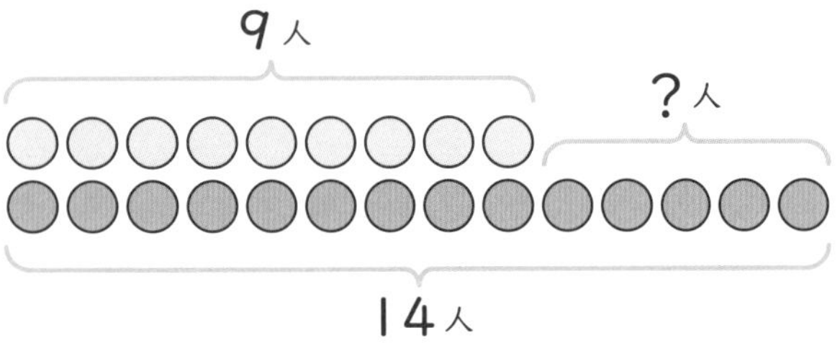


しき

こたえ　　人《にん》

**3** 白《しろ》い　うんこの　まえに、赤《あか》い　うんこが　3こ、うしろには　青《あお》い　うんこが　4こ　あります。うんこは　ぜんぶで　なんこ　ありますか。　しき15てん、こたえ10てん〔25てん〕

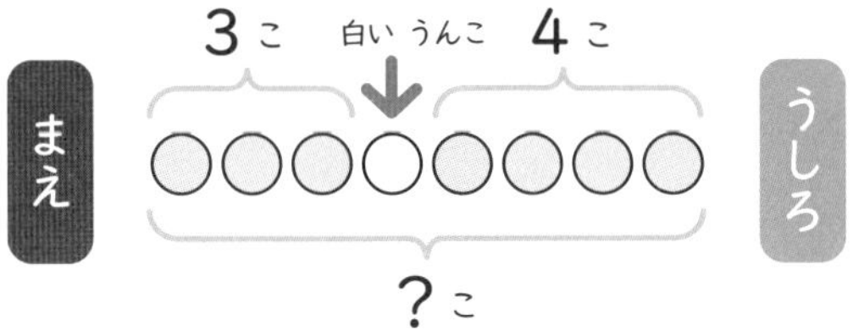


しき

こたえ　　こ

**4** 15人《にん》の　ピエロ《ぴえろ》の　うち、7人《にん》は　うんこを　あたまに　のせ、のこりは　うんこを　おしりに　のせて　います。おしりに　のせて　いる　ピエロ《ぴえろ》は　なん人《にん》ですか。

しき15てん、こたえ10てん〔25てん〕

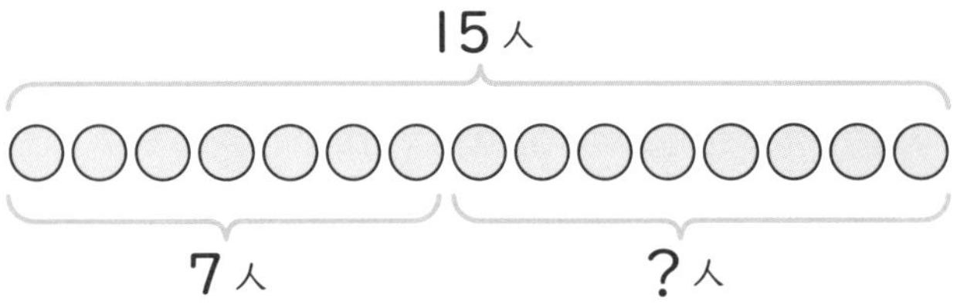


しき

こたえ　　人《にん》

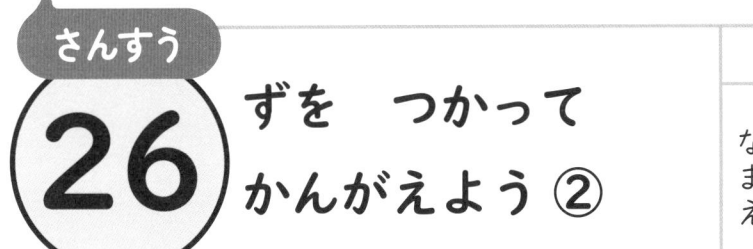

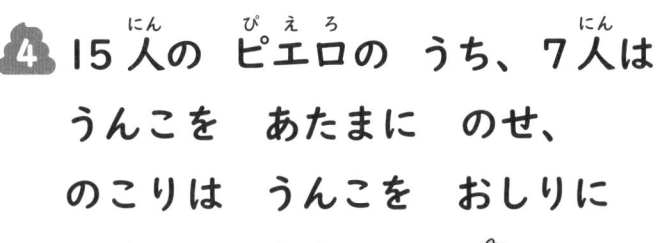

さんすう

# 27 いろいろな　かたち

| 月 | 日 |
|---|---|

こたえ→79ページ

とくてん　／100てん

なまえ

テスト なおし　100／100てん

## 1 あ～かの　かたちを、すべて　にた　かたちで　なかまわけを　して、きごうを　かきましょう。

1つ5てん〔30てん〕

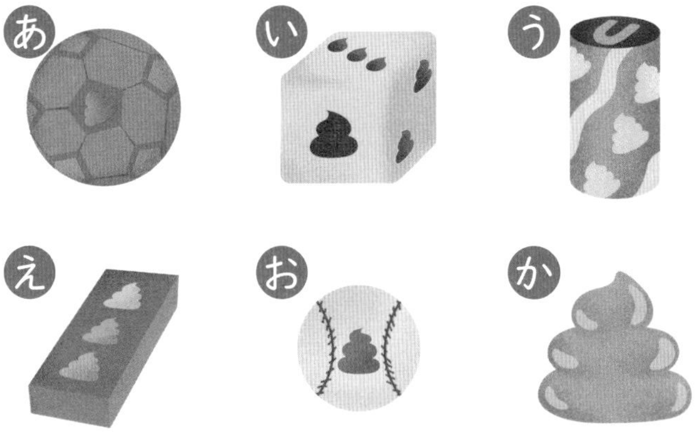


| ボールの かたち | はこの かたち | つつの かたち | うんこの かたち |
|---|---|---|---|
|  | 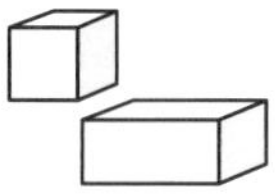 | 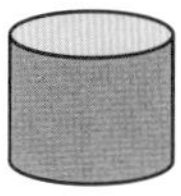 |  |
| | | | |

## 2 かたちを　くみあわせて　つぎの　かたちを　つくります。つかった　かたちの　かずを　〔　〕《かっこ》に　かきましょう。

1つ5てん〔20てん〕

 …〔　〕こ

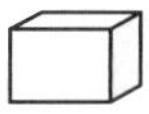 …〔　〕こ

 …〔　〕こ

 …〔　〕こ

## 3 見本《みほん》の　かたちを　つかって　あ～えの　かたちを　つくります。つかった　まいすうを　〔　〕《かっこ》に　かきましょう。

1つ10てん〔40てん〕

見本《みほん》

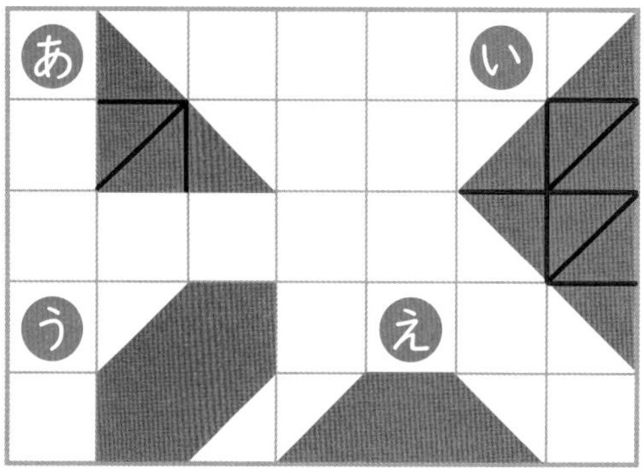


あ〔　〕まい　い〔　〕まい

う〔　〕まい　え〔　〕まい

## 4 見本《みほん》の　ぼうを　つかって　あ・いの　かたちを　つくります。つかった　本《ほん》すうを　〔　〕《かっこ》に　かきましょう。

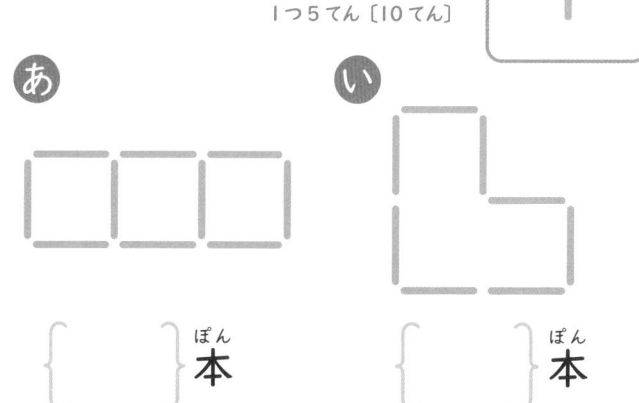

1つ5てん〔10てん〕

見本《みほん》



あ

い

〔　〕本《ぽん》　〔　〕本《ぽん》

さんすう

# 28 おなじ　かずずつ　わけて　くばろう

月　　日　こたえ→79ページ

なまえ

とくてん　/100てん

テスト なおし　/100てん

## 1 うんこけしごむが　6こ　あります。つぎの　もんだいに　こたえましょう。

1もん 15てん〔45てん〕

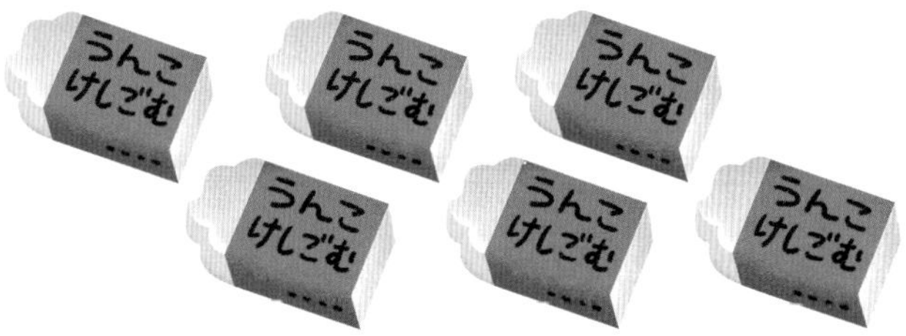


① 6こを　2こずつ　くばると　なん人《にん》に　わけられますか。

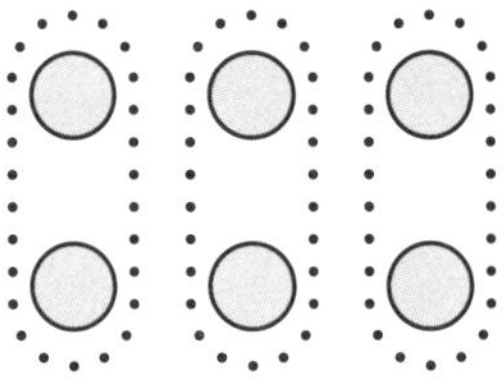

〔　　〕人《にん》

② 6こを　2人《ふたり》で　わけると　なんこずつに　なりますか。

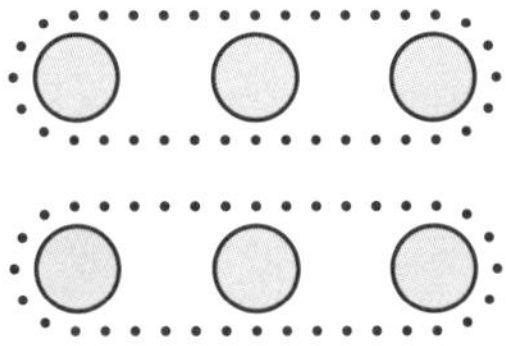

〔　　〕こ

③ 6こを　1こずつ　くばると　なん人《にん》に　わけられますか。

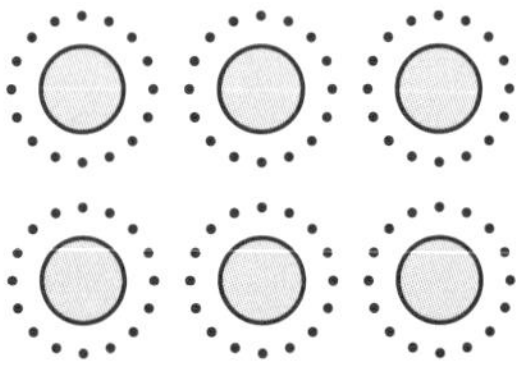

〔　　〕人《にん》

## 2 金《きん》の　うんこを　入《い》れる　きんこが　あります。つぎの　もんだいに　こたえましょう。

① つぎの　とき、きんこを　なんはこ　よういすると　よいですか。

1つ 15てん〔30てん〕

あ 金《きん》の　うんこ　8こを　2こずつ　入《い》れる　とき。

〔　　〕はこ

い 金《きん》の　うんこ　15こを　3こずつ　入《い》れる　とき。

〔　　〕はこ

② 金《きん》の　うんこが　12こ　あります。4こずつ　わけると　3人《にん》に　わけられる　ことを　しきに　あらわしましょう。

〔25てん〕

□ ＋ □ ＋ □ ＝ □

# 29 さんすう そうしあげ ①

月　　日　こたえ→79ページ

なまえ

とくてん　／100てん

テストなおし　100／100てん

**1** ぎょうれつが　できて　います。まえから　3人《にん》目《め》の　人《ひと》を　○《まる》で　かこみ、うしろから　4人《にん》を　□《しかく》で　かこみましょう。

1つ10てん〔20てん〕

**2** □《うんこます》に　あう　かずを　かきましょう。

1もん5てん〔10てん〕

① 10が　3こで　□。

② 19より　1　大《おお》きい　かずは　□。

**3** けいさんを　しましょう。

1もん5てん〔20てん〕

① 5+3　② 7−4

③ 10+4　④ 19−2

**4** なんじ・なんじはんですか。

1もん5てん〔10てん〕

①

〔　　　〕

②

〔　　　〕

**5** 校《こう》ちょう先生《せんせい》の　うんこを　8人《にん》が　見《み》に　きました。しばらく　すると、さらに　9人《にん》見《み》に　きました。見《み》に　きた　人《ひと》は　なん人《にん》ですか。

しき10てん、こたえ5てん〔15てん〕

しき

こたえ　　人《にん》

**6** うんこの　よい　ところを　ぼくは　16こ　いいました。ともだちは　8こ　いいました。ぼくは　ともだちより　なんこ　おおく　いいましたか。

しき10てん、こたえ5てん〔15てん〕

しき

こたえ　　こ

**7** あ、い、うで　いちばん　ながい　ものは　どれですか。

〔10てん〕

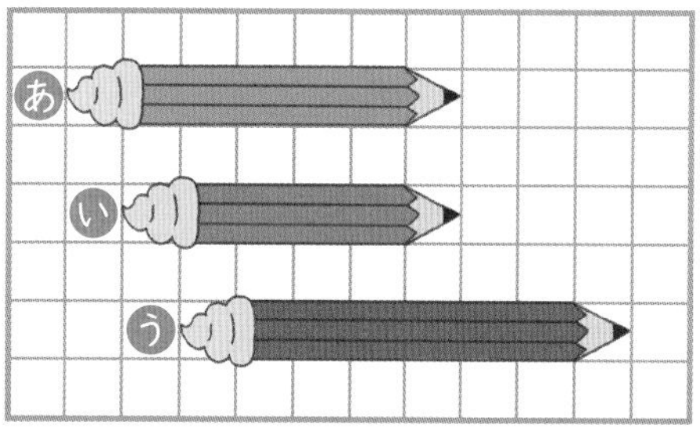


〔　　　〕

さんすう

# 30 さんすう そうしあげ ②

月　日　こたえ→79ページ

とくてん　/100てん

テスト なおし　/100てん

なまえ

## 1 どちらの　ほうが　ひろいですか。○《まる》を　つけましょう。

〔5てん〕

あ｛　　｝　い｛　　｝

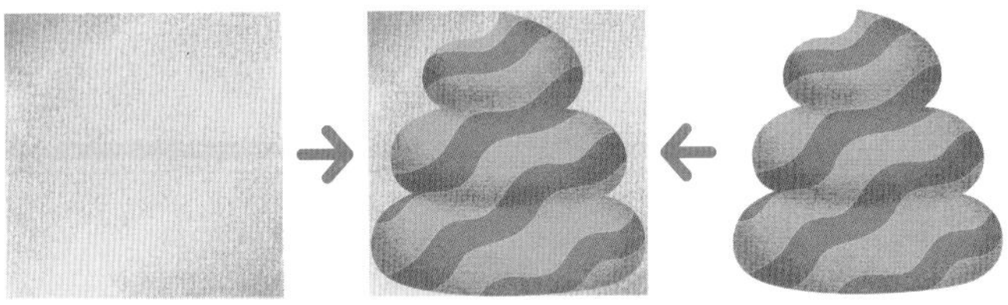

## 2 どちらの　かさが　おおいですか。○《まる》を　つけましょう。

〔10てん〕

あ｛　　｝

4はいぶん

い｛　　｝

5はいぶん

## 3 けいさんを　しましょう。

1もん5てん〔25てん〕

① 6＋5　② 7＋9

③ 13−8　④ 17−9

⑤ 14−4＋7

## 4 □《うんこます》に　あう　かずを　かきましょう。

1つ5てん〔15てん〕

あ□　い□　う□

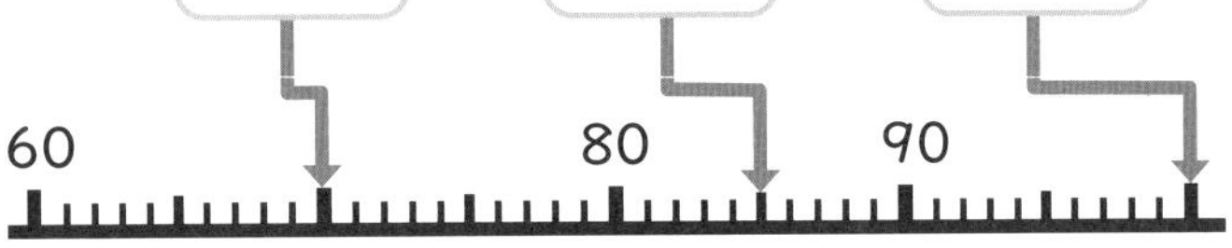


## 5 けいさんを　しましょう。

1もん5てん〔20てん〕

① 30＋60　② 7＋80

③ 90−40　④ 89−9

## 6 なんじなんぷんですか。

1もん5てん〔10てん〕

①

②

｛　　｝　｛　　｝

## 7 うんこちゅうせんかいに　ならんで　いる　人《ひと》が　わたしの　まえに　5人《にん》、うしろには　7人《にん》　います。ぜんぶで　なん人《にん》　ならんで　いますか。

しき10てん、こたえ5てん〔15てん〕

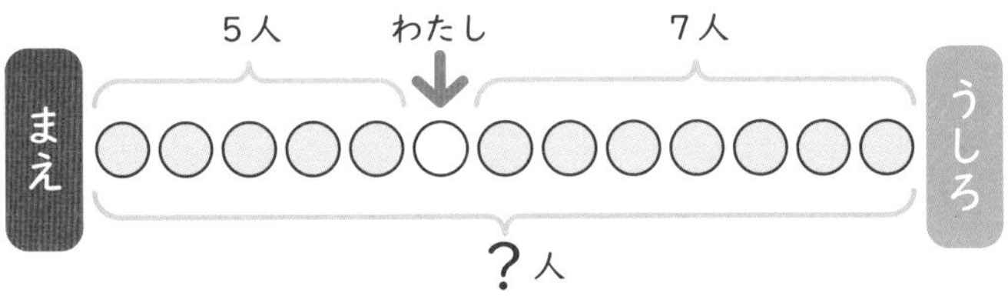


しき

こたえ　　人《にん》

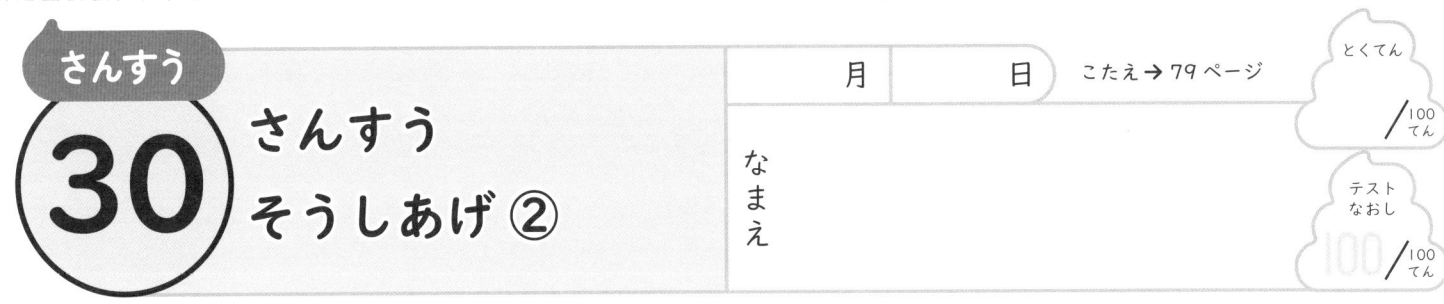

せいかつ

# 1 がっこうを たんけんしよう！

月　　日　こたえ→80ページ

なまえ

とくてん　/100てん

テスト なおし　/100てん

がっこうの　えを　みながら　もんだいに　こたえましょう。

あ

い

う

え

お

か

**1** あ～えの　ばしょの　なまえを　｛　｝《かっこ》に　かきましょう。　1つ10てん［40てん］

あ｛　　　　｝しつ　い｛　　　　｝しつ

う｛　　　　｝しつ　え｛　　　　｝しつ

こうちょう　おんがく　としょ　しょくいん

**2** お・かで　はたらく　ひとを　—《せん》で　つなぎましょう。

［すべてできると20てん］

① 　・　・  お

② 　・　・  か

**3** ①～④の　ばめんで　する　あいさつを　—《せん》で　つなぎましょう。　1もん10てん［40てん］

① 　・　・　おはよう ございます　さ

② 　・　・　ありがとう　し

③ 

　・　・　しつれい します　す

④ 　・　・　ごめん なさい　せ

# 2 つうがくろを たんけんしよう！

月　日　こたえ→80ページ

なまえ

とくてん　/100てん

テスト なおし　/100てん

がっこうと　つうがくろの　えを　みながら　もんだいに　こたえましょう。

あ

い

う

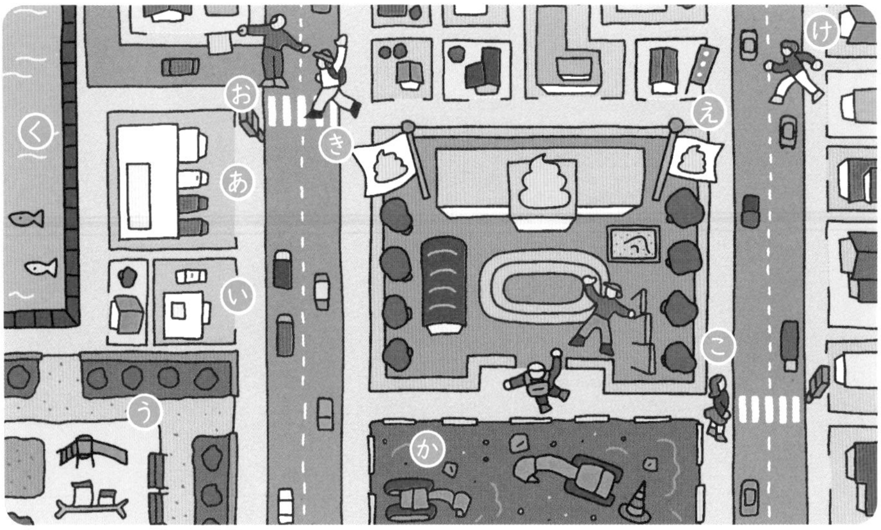


え

お

か

**1** つぎの　ぶんに　あう　ばしょや　ひとを　あ～かから　えらんで　かきましょう。

1もん15てん〔30てん〕

① こどもを　たすけて　くれる　ばしょと　して　とうろくした　いえ　〔　　〕

② つうがくとちゅうに　みまもって　くれる　ボランティア《ぼらんてぃあ》の　ひと　〔　　〕

**2** こうていに　ある　ものは　どれですか。□《わく》から　2こ　えらんで　○《まる》で　かこみましょう。

1つ10てん〔20てん〕

すなば　　てつぼう　　こうばん

**3** か～この　きごうの　ばしょで　きを　つける　ことを　―《せん》で　つなぎましょう。

1もん10てん〔50てん〕

| | | | |
|---|---|---|---|
| ① かわや　いけに　ちかづかない。 | ● | ● | か |
| ② あおしんごうで　おうだんほどうを　わたる。 | ● | ● | き |
| ③ あかしんごうは　とまる。 | ● | ● | く |
| ④ こうじげんばには　はいらない。 | ● | ● | け |
| ⑤ どうろに　とびださない。 | ● | ● | こ |

せいかつ

# 3 はると　なつの　こうえんで　みつけよう！

月　　日

こたえ→80ページ

とくてん　　/100てん

なまえ

テスト　なおし　100　/100てん

つぎの　えを　みながら　もんだいに　こたえましょう。

**1** はるに　よく　みられる　くさばなを　３こ　○《まる》で　かこみましょう。　１つ５てん〔15てん〕

**2** はなを　かんさつして　いると、むしが　いました。あう　ものを　―《せん》で　つなぎましょう。　〔すべてできると25てん〕

①　　●　　●　あ　テントウムシ《てんとうむし》

②　　●　　●　い　ミツバチ《みつばち》

③　　●　　●　う　アゲハ《あげは》

**3** はるの　ようすから　かわった　ところを　６こ　みつけて　○《まる》で　かこみましょう。　１つ５てん〔30てん〕

**4** **3**で　かわった　ところに　ついて、□《わく》から　ことばを　えらんで　〔　〕《かっこ》に　かきましょう。　１つ10てん〔30てん〕

はるが　おわって　〔　　　　〕の　はなが　ちりました。

タンポポ《たんぽぽ》も　はなから　〔　　　　〕に　なりました。

〔　　　　〕は　たいように　むかって　はなが　さきます。

わたげ　　ヒマワリ《ひまわり》　　サクラ《さくら》

せいかつ

# 4 あきと　ふゆの　こうえんで　みつけよう！

| 月 | 日 | こたえ → 80ページ |
|---|---|---|

なまえ

とくてん　/100てん

テストなおし　/100てん

つぎの　えを　みながら　もんだいに　こたえましょう。

あき

ふゆ

**1** あきに　みられる　くさきや　みを　4こ　○《まる》で　かこみましょう。

1つ5てん〔20てん〕

**2** あきに　よく　みられる　おちばは　どれですか。2つ　○《まる》で　かこみましょう。

1つ10てん〔20てん〕

カエデ《かえで》　イチョウ《いちょう》　ウメ《うめ》

**3** あきに　よく　みられる　むしは　どれですか。2つ　○《まる》で　かこみましょう。

1つ5てん〔10てん〕

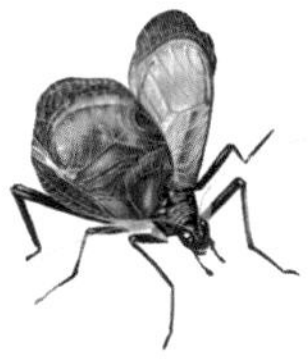

スズムシ《すずむし》

ゲンジボタル《げんじぼたる》

アキアカネ《あきあかね》

**4** ふゆならではの　あそびは　どれですか。2こ　みつけて　○《まる》で　かこみましょう。

1つ10てん〔20てん〕

**5** まわりを　むしめがねで　かんさつしました。あう　ものを　—《せん》で　つなぎましょう。

〔すべてできると30てん〕

① 　・　・ あ カマキリ《かまきり》の　たまご

② 　・　・ い サクラ《さくら》の　め

③ 　・　・ う ウメ《うめ》の　はな

せいかつ

# 5 じぶんで できるよ！

月　　日　こたえ→80ページ

なまえ

とくてん　／100てん

テスト なおし　100／100てん

## 1 まい日《にち》の　せいかつの　中《なか》で　じぶんで　して　いる　ことに　○《まる》を　つけましょう。

〔1つでも○がついたら40てん〕

あ

にもつの　じゅんび

い

手《て》あらい・うがい

う

はみがき

え

くつを　そろえる

お

早《はや》おき

か

早《はや》ね

## 2 気《き》もちよく　せいかつを　する　ために、いつも　できると　よい　こと　3つに　○《まる》を　つけましょう。

1つ15てん〔45てん〕

あ

せいりせいとん

い

あいさつ

う

うんこを　みがく

え

ごみを　もちかえる

## 3 2の　ほかに　して　いる　ことを　えや　文《ぶん》で　かきましょう。

〔15てん〕

せいかつ

# 6 もうすぐ　2年生《ねんせい》！

月　日　こたえ→80ページ

なまえ

とくてん　/100てん

テストなおし　/100てん

**1** 1年生《ねんせい》に　なって　こまった　ことに　〇《まる》を　つけましょう。えに　えや　文《ぶん》を　かいても　よいです。　〔1つでも〇がついたら 30てん〕

あ

わすれもの

い

うまく　こえを　かけられない

う

早《はや》ね、早《はや》おき

え
そのほか

お　こまった　ことは　ない

**2** しん1年生《ねんせい》に　して　あげたい　ことを　えや　文《ぶん》で　かきましょう。　〔かけたら 20てん〕

**3** 1年生《ねんせい》に　なって　できるように　なった　ことに　〇《まる》を　つけましょう。えに　えや　文《ぶん》を　かいても　よいです。　〔かけたら 30てん〕

あ

なわとび

い

てつぼう

う

おてつだい

え
そのほか

**4** 3の　ほかに　できるように　なった　ことを　えや　文《ぶん》で　かきましょう。　〔かけたら 20てん〕

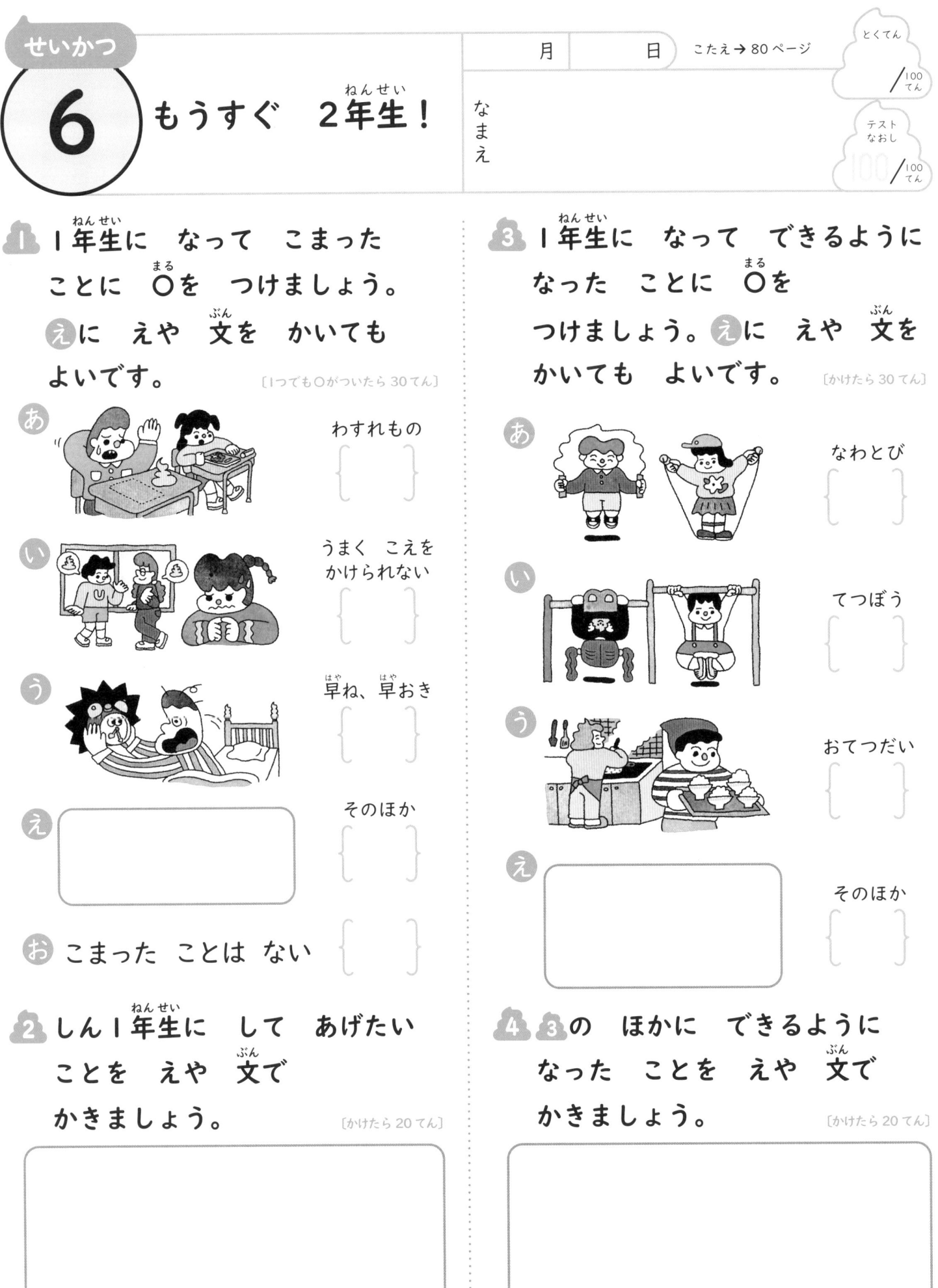

# うんこ全科テスト　小学1年生

# 答え＆アドバイス

- 間違いは解き直したり、答えを見ながら直したりしましょう。
- アドバイスは、その単元で外せないポイントをまとめています。保護者の方は指導の参考にしてください。

## こくご

### ①ひらがな①　3ページ

1 ①いえ　②わに　③かめ　④はさみ　⑤くるま
2 ①き　②て
3 ①う　②こ　③ん

1 ①「い・り」、②「れ・わ」、③「め・ぬ」、④「ほ・は」、⑤「ろ・る」はどれも似ているひらがなです。字の形をよく見て、区別できるように覚えましょう。
2 ①「き」は「さ」と書かないように気をつけましょう。
3 字を書いたら一度見直して、できた言葉が絵と合っているか確かめましょう。

### ②ひらがな②　4ページ

1 ①めがね　②ぶた　③たんぽぽ
2 ①ざる　②まど
3 ①ぼ　②じ　③ぴ
4 ①いえの　かぎを　しめてから　うんこを　した。
②せんぷうきの　かぜで　うんこが　とんで　いった。

1 濁点「゛」や半濁点「゜」がつく言葉かどうかについて、確認しながら選ぶようにしましょう。
2 ①は「さ」、②は「と」に濁点をつけます。濁点はますの右上の部分につけるようにしましょう。
3 ③半濁点「゜」もますの右上に書きましょう。
4 ①「かき」の「き」に濁点をつけて「かぎ」になります。
②「せんふうき」の「ふ」に半濁点をつけて「せんぷうき」になります。

### ③ひらがな③　5ページ

1 ①はっぱ　②まつげ
2 ①っ　②っ　③っこ　④しっ
3 ①とけい　②こおり
4 ①う　②い

1 大きい「つ」が入る言葉か、小さい「っ」が入る言葉か、絵を見てまずは声に出して確認してから選ぶようにしましょう。
2 小さい「っ」は、ますの右上に書きましょう。
3 ①「エー」とのばす言葉ですが、「とけえ」ではなく「とけい」と書くことに注意しましょう。
②「オー」とのばす言葉は「う」と書く場合が多いですが、「こおり」は「お」と書きます。

4 ①「う」「お」、②「い」「え」のどちらで書くのかに注意しながら、文を完成させるようにしましょう。

### ④ひらがな④　6ページ

1 ①し㋹くだい　②でんし㋳
2 ①ょ　②ゃ　③ゅ
3 ①じゃ　②ちゃ　③ょっ　④しゃ　⑤ゅうしゃ

1 ①「しゆくだい」の「ゆ」に○をつけて「しゅくだい」、②「でんしや」の「や」に○をつけて「でんしゃ」になります。文を声に出して読みながら考えてもよいでしょう。
2 小さい「ゃ・ゅ・ょ」は、「っ」と同じくますの右上に書きましょう。
3 ③「しょっき」は「ょ」と「っ」の順番を間違えないように気をつけましょう。⑤「ちゅうしゃ」は「ゅ」と「ゃ」の順番を間違えないようにしましょう。

### ⑤「は・を・へ」の　つかいかた　7ページ

1 ①は　②へ　③を　④は　⑤を
2 ①は　②を　③へ
3 あにわ《は》　うんこお《を》　かたづけた。

1 言葉をつなぐ「は・を・へ」は、言葉の後につけます。「ワ・オ・エ」と発音しますが、「わ・お・え」とは書かないことに注意しましょう。
2 ①「は」は主語を、②「を」は動作の対象を、③「へ」は場所や方向を表すときに使います。
3 線をひいた右側に正しいひらがなを書くことを忘れないようにしましょう。

## ⑥ カタカナ①　8ページ

1 ① タイヤ　② カメラ　③ マスク
④ ミシン　⑤ テニス

2 ① コ　② ン　③ ウ

3 ① テスト　② クレヨン

1 ①「ク・タ」、②「ナ・メ」、③「マ・ア」、④「シ・ツ」、⑤「チ・テ」はどれも似ているカタカナです。字形をよく見ながら正しい表記を選ぶようにしましょう。

3 まず文を見て、何の言葉を書くのかを確認してからカタカナで書くようにしましょう。

## ⑦ カタカナ②　9ページ

1 ① ビ　② ダ　③ ピ
④ ズ　⑤ ガ（グ）　⑥ ポ

2 ① カード　② セーター

3 ① リボン　② スプーン

1 カタカナの場合も、濁点や半濁点はすべてますの右上に書くようにしましょう。

2 カタカナでの長音（のばす音）は、「ー」と表記することを確認しましょう。

3 ②「すぷうん」の「う」は長音になるので、「ー」と書くように気をつけましょう。

## ⑧ カタカナ③　10ページ

1 ① トラック　② キャンプ

2 ① ッ　② ュ　③ ャ（ョ）　④ ョ

3 ① ロケット　② パジャマ
③ ニュース　④ マンション

2 カタカナの場合も、小さい「ッ」「ャ・ュ・ョ」はますの右上に書くようにしましょう。

3 小さく書く文字を書く場所や、間違えやすいカタカナの字形に注意しましょう。

## ⑨ ひらがなと　カタカナ　11ページ

1 ① ほうき　② マラソン　③ ギター

2 ① アルバム　② シャワー

3 ① い　② びょ　③ りゅう　④ ップ　⑤ チュー

1 間違えやすいひらがなやカタカナの選択問題です。③「ぎ・ギ」は字の形が似ているので、ひらがなで書かないように気をつけましょう。

3 小さく書く文字や長音などに気をつけながら、ひらがなやカタカナをしっかり書けるようにしていきましょう。

## ⑩ ぶんの　くみたて　12ページ

1 ① いぬが　② くるまが　③ おとうさんが

2 ① にげる　② とまる　③ ひろう

3 ① うさぎ　② ねむる
③（じゅんに）うんこ、うたう

1 文の中で「だれが」「なにが」に当たる言葉を探すようにしましょう。

2 文の中で「どうする」を表す動作の言葉を探すようにしましょう。

3 ③「だれが」と「どうする」の両方を書きます。書いた後に完成した文を読んで、絵の内容と合っているか確認するようにしましょう。

## ⑪ ぶんしょうの　よみとり①　13ページ

1 ① うんこさくぶん　② い
③ はげました…ともだち、ほめた…せんせい
④ たいせつさ

1 ②「はなすのが　はずかしくて」「かおが　あかくなりました」とあり、みんなの前で発表するのが恥ずかしい「ぼく」の気持ちが読み取れます。
③「ともだちが　はげまして　くれた」という部分や、「とても　すばらしい　うんこさくぶんでした」という部分を読み取って、誰の行動なのかを確認するようにしましょう。
④ 最後の段落を読んで、「ぼく」の感想を読み取りましょう。

## ⑫ ぶんしょうの　よみとり②　14ページ

1 ① うんこラクダ
②（じゅんに）オス、メス
③ ひかる
④ あ

1 ①説明的な文章を読むときは、まずどんなことについて書かれているかを確認すると、文章の内容が理解しやすいです。
②２つ目の段落をよく見て、オスとメスのどちらの特徴なのかを確認しましょう。
③ますの数に合うように、３字で書くようにしましょう。
④最後の段落に「あばれる　ことも　なく」とあります。「あばれる」だけを見て、いとしないように気をつけましょう。

## ⑬ まる（。）・てん（、）・かぎ（「」）

15ページ

1 ① ぼくは、うんこと　やまへ　いった。
② 「おめでとう。」と　うんこに　いった。

2 おにいちゃんが　ぼくの
うんこを　みて、
「おおきいなあ。」
と　いいました。

3 わたしは　ちちに、
「たんじょうび　おめでとう。」
と　いって、うんこを　わたしました。ちちは、
「ありがとう。」
と　いいました。

1 ①文の終わりには、必ずまる（。）をつけるようにしましょう。②かぎ（「」）には、話した言葉だけを入れます。

2 3 てん（、）は、文が読みやすくなる位置につけます。文の終わりにはまる（。）をつけます。会話文の終わりは、まる（。）の後に終わりのかぎ（」）をつけるのを忘れないように気をつけましょう。

## ⑭ かん字の　よみかき①

16ページ

1 ① ひと　② に　③ ご　④ なな（しち）　⑤ せん

2 ① 四　② 六　③ 八　④ 九　⑤ 百

1 文をよく読んで、数を表す漢字の読み方に気をつけるようにしましょう。

2 ますの中の点線を参考にしながら、バランスよく漢字が書けるようにしましょう。

## ⑮ かん字の　よみかき②

17ページ

1 ① おお　② うえ　③ ひだり　④ ひ　⑤ つち

2 ① 小　② 下　③ 右　④ 金　⑤ 水

1 ①「大きい」は「おうきい」ではなく、「おおきい」と書くことを確認するようにしましょう。⑤文を読むと、「土」はここでは「つち」の読み方であることがわかります。

2 ②「下」と「上」は、漢字の形をよく見て、混同しないようにしましょう。同様に、③「右」と「左」も混同しないように気をつけましょう。④「金」は形の難しい漢字なので、一画一画を丁寧に書いて字のバランスを整えるようにしましょう。

## ⑯ かん字の　よみかき③

18ページ

1 ① め　② くち　③ あし　④ おとこ　⑤ おう

2 ① 耳　② 手　③ 人　④ 女　⑤ 犬

1 ①「目がはなせない」は、「ずっと見ていたい。常に注意して見守りたい」という意味の言葉です。⑤「王さま」は「おおさま」ではなく、「おうさま」と書きます。表記に注意するようにしましょう。

2 ①「耳」は形を覚えにくい漢字です。突き抜ける場所や横棒の数に気をつけて書くようにしましょう。⑤「犬」は最後の点を忘れないように意識させましょう。

## ⑰ かん字の　よみかき④

19ページ

1 ① やま　② た　③ くさ　④ つき　⑤ き

2 ① 川　② 石　③ 花　④ 火　⑤ 土

1 ④「月」には「がつ」「げつ」の読み方もありますが、文から「つき」の読み方が入ります。

2 ②「石」は、二画目を書くときに上に突き出さないように気をつけましょう。④「ひを　つけては　いけません」という文なので、ここでは「日」ではなく「火」の漢字が入ることを確認しましょう。⑤「土」の横画は、上を短く、下を長く書くことを意識しましょう。

## ⑱ かん字の　よみかき⑤

20ページ

1 ① てん　② そら　③ はやし　④ むし　⑤ かい

2 ① 気　② 雨　③ 森　④ 竹　⑤ 夕

1 ③「林」と「森」を混同して覚えてしまわないように、それぞれの読み方や書き方を確認するようにしましょう。

2 漢字を書くときは、書き順にも注意しましょう。①「気」は形を覚えにくい漢字です。五・六画目を書き忘れないように気をつけましょう。②「雨」は4つの点の向きにも注意しながら書きましょう。

## ⑲ いろいろな　ことば①　21ページ

1 ① とり　② がっき　③ のりもの
2 ① スプーン　② ヒマワリ
3 ① おもい　② くらい　③ よわい
4 ① ふゆ　② あさって

1「まとめて　よぶ　ことば」に戸惑っている場合は、おうちの方が「人参や大根などはまとめて《野菜》と呼ぶね」などと助言して、例を示しながら考えさせるようにしましょう。
2 仲間ではない言葉以外の３つをまとめて呼ぶと、どんな言葉になるのかを確かめてもよいでしょう。
3 残った「ふとい」の反対の言葉が何かも考えると、さらに語彙が広がります。
4 手が止まっている場合は、①は四季を表す言葉、②は日付の言葉であることを確かめてから、空欄に当てはまる言葉を考えるとよいでしょう。

## ⑳ かんじの　よみかき⑥　22ページ

1 ① がっこう　② な　③ じ　④ はい　⑤ やす
2 ① 先生　② 年　③ 本　④ 出　⑤ 立

1 ④「入」には「にゅう」「い（れる）」などの読み方もありますが、「かばんに入らない」という文から、「はい（る）」の読み方が答えであることを導き出しましょう。
2 ①「先生」の「先」と「生」を逆の順番で書いてしまわないよう、一度書いたら正しく書けているかを自分で確認するようにしましょう。③「本」の最後の横棒を忘れて「木」と書かないように気をつけましょう。

## ㉑ かん字の　よみかき⑦　23ページ

1 ① しろ　② あお　③ むら　④ ただ　⑤ おと
2 ① 赤　② 町　③ 早　④ 力　⑤ 糸

1 ③「村」と「町」は文での使われ方が似ているので、読み方や書き方を混同して覚えないように気をつけましょう。
2 ①「赤」や⑤「糸」は字の形が１年生には難しい漢字です。正しい字形になるように、何度も練習するように促しましょう。

## ㉒ かん字の　よみかき⑧　24ページ

1 ① こ　② さん　③ えん
2 ① 文　② 見
3 ① 休　② 山　③ 耳　④ 音　⑤ 金

1 ③ここでの「円」は、「まるくなること」という意味で使われています。
2 ②「見」は似た字の「貝」とならないように気をつけましょう。
3 長い文章の中の空欄に漢字を書く問題です。まずは文章を読んで、内容を理解するようにしましょう。そのうえで、ますの中に丁寧に漢字を書くようにしましょう。

## ㉓ 文しょうの　よみとり③　25ページ

1 ①（じゅんに）あな、おちて
② かいだん
③（れい）よいかんがえだ。
④ い

1 ①出来事の内容を、文章の前半をよく読んで把握しましょう。
②「ウシさんの　うんこを　かいだんに　すると、」と発言しているリスの言葉に着目して、答えを考えましょう。
③リスの発言の後のウシの発言から気持ちを読み取りましょう。「それはよい」「やってみたい」など、前向きな気持ちが書けていれば正解です。

## ㉔ 文しょうの　よみとり④　26ページ

1 ① うんこそうがんきょう
②（じゅんに）せんしゅ、とり
③（れい）ほしはうんこではない
④ かっこいい

1 ①最初の段落を見て、何について説明しているのかをつかみましょう。
②2つ目と3つ目の段落にスポーツを見るときのことが、次の4つ目の段落に鳥を見るときのことが書かれています。
③「うんこそうがんきょうは　ほしのような、うんこでは　ない　ものを　見る　ことは　できません」と書かれています。「ほし」はうんこではないので見ることができない、ということが書けていれば正解です。
④最後の段落を読んで、人気の理由を読み取れるようにしましょう。

## ㉕ 日づけと　よう日　27ページ

1 ① みっか　② いつか　③ とおか
④ しち（なな）がつ　⑤ くがつ

2 ① 火　② 水　③ 木　④ 金　⑤ 土

1 日付は、書き方と読み方を一緒に覚えましょう。特に③「十日」は「とうか」ではなく「とおか」であること、⑤「九月」は「きゅうがつ」ではなく「くがつ」と読むことなどに気をつけましょう。

2 曜日の漢字を書く問題です。曜日の順番を確認したうえで、それぞれの漢字の書き方についても覚えましょう。

## ㉖ いろいろな　ことば②　28ページ

1 ① 三まい　② 四ひき　③ 一だい

2 ① 人（にん）　② さつ

3 ① わたした　② はしった　③ ふくらんだ

4 ① あります　② です

1 物の数え方を答える問題です。①「とう」は主に体の大きな動物、②「はい」は飲み物、③「そう」は船を数えるときに使うことも併せて確認すると、日常での言葉の使い方が広がります。

2 ①文から「人」を数える言葉を使うことがわかるので、「人（にん）」が入ります。②「ノート」を数える言葉なので、「さつ」が入ります。

3 終わったことを表すときは「～た」「～だ」を使います。言葉によって ①「わたした」②「はしった」③「ふくらんだ」と変わるので気をつけましょう。

4 丁寧な言い方にするときは、①は「～ます」、②は「です」を使います。

## ㉗ かん字の　できかた　29ページ

1 ① 山　② 手　③ 火　④ 口　⑤ 上　⑥ 下

2 ① 田　② 川　③ 竹　④ 雨

1 物の形や印から変化した漢字を答えます。絵をよく見て、どの漢字になるのか考えましょう。漢字を書くときの字の形にも気をつけましょう。

2 読み方はありませんが、絵から判断してどんな漢字が入るのかを考えましょう。

## ㉘ まちがえやすい　かん字　30ページ

1 ① 大　② 本　③ 玉　④ 目

2 ① 右　② 石　③ 人　④ 入　⑤ 百　⑥ 白

1 間違えやすい漢字の選択問題です。どの部分が違うのかを注意深く見て、文に合うのはどちらかを判断しましょう。

2 ①と②、③と④、⑤と⑥で、それぞれ似た形の漢字が入ります。同じ漢字を書いてしまわないように、また漢字が逆になってしまわないように気をつけて書くようにしましょう。③「人」と④「入」は似た字形ですが、書き始めの位置などが異なります。よく見て書き分けましょう。

## ㉙ こくご　そうしあげ①　31ページ

1 ① へ　② は　③ を

2 ① ジュース　② キャップ

3 ① じゅうえん　② はや　③ い

4 ① 玉　② 車

文字や言葉の総仕上げ問題です。

1 「は・を・へ」を文に応じて使い分けましょう。

2 長音「ー」や小さく書く文字に特に気をつけてカタカナで書きましょう。

3 ③「生」にはさまざまな読み方があるので、文を読んで適切な読み方を書けるようにしましょう。

4 ②「車」の一番下の横棒を忘れないように気をつけましょう。

## ㉚ こくご　そうしあげ②　32ページ

1 ① うんこバトルカード
② ㋐
③（じゅんに）かわいそう、
（れい）おとうとにあげた
④ おとなになった

文章を読み取る総仕上げ問題です。

1 ②「たつきは　おもわず　『うんこ！』と　いって　よろこびました」とあるので、うれしい気持ちであることがわかります。
③文章の後半の、たつきの気持ちと行動に着目します。泣いている弟を見て、たつきは「かわいそう」だと思い、自分が買ってもらってうれしかったうんこバトルカードを弟にあげるという行動をとっています。
④最後の段落で、「おとなに　なったような　気もちに　なりました」と書かれています。

# さんすう

## ① 5までの　かず　33ページ

1 ① 1　② 4　③ 5　④ 2　⑤ 3
2 ① い　② あ
3 ① 1—2—3—4
② 5—4—3—2

1 絵を見て数を数え、その数を数字で書く問題です。それぞれの数字のバランスや「5」の書き順などに気をつけましょう。
2 それぞれの絵の数を数えたら、その数をメモしておくようにしましょう。
3 数の順序の問題です。「1、2、3、……」と順に数を唱えて、合う数字を書きましょう。

## ② 10までの　かず　34ページ

1 ①　②　③
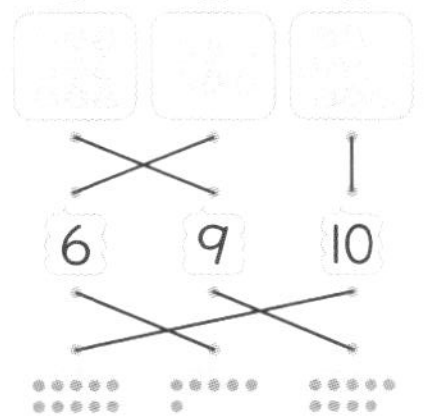


2 ① 6　② 7　③ 9　④ 10
3 ①
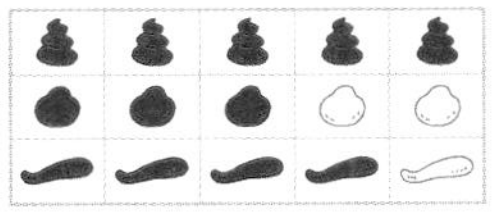

② あ
4

1 具体物と数字と半具体物の●を線でつなぐ問題です。数を数えて、1つずつ丁寧に線でつなぎましょう。
3 数え漏れがないように、絵に印をつけながら数えるようにしましょう。

## ③ なんばんめ　35ページ

1 ①

②

または、

③

3
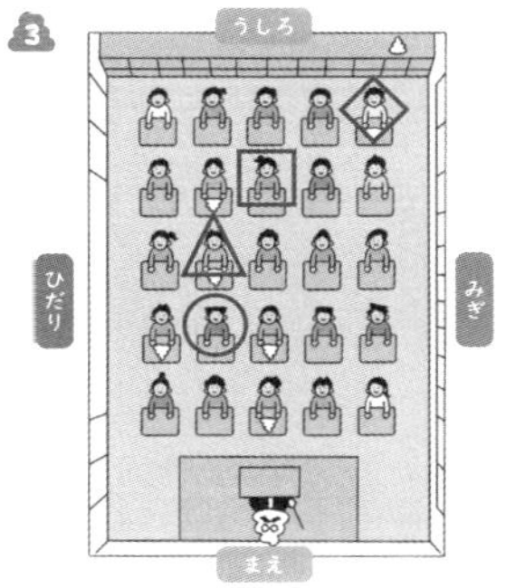


2 ① ねこ　② いぬ

1 問題をよく見て、「まえ」と「うしろ」が示されていることを確認しましょう。①と③は順序を表す数、②は集合を表す数なので、それぞれ○で囲む範囲が変わります。
3 「まえ」「うしろ」「みぎ」「ひだり」と4つの向きがあるので、どこから数えるのかをよく確認しましょう。

## ④ いくつと　いくつ　36ページ

1 ① 1　② 3　③ 2　④ 4
2 ① 6　② 7　③ 6　④ 9　⑤ 4　⑥ 8
3 ① 5　② 3　③ 7
4
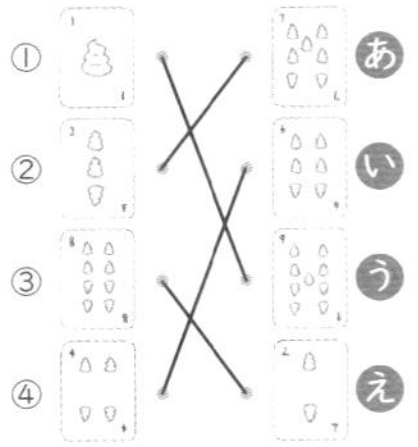

1 見えているうんこの数を分解する問題です。あといくつで5になるかを、はじめは指を使ってもいいので確認するようにしましょう。
3 あといくつで8になるかがわからず困っていたら、●を8個書いて、足りない数を考えながら解いてもよいでしょう。

## ⑤ あわせて　いくつ　37ページ

1 う
2 ① 3　② 5　③ 7　④ 8
3 しき　3＋1＝4　こたえ　4こ
4 しき　5＋3＝8　こたえ　8にん
5 （じゅんに）2、4、あわせて

1 「2こと3こをあわせているね。」と、図に表した状況を確認して、それに合う式を探しましょう。
3 4 「あわせていくつ」の場面では、たされる数とたす数を反対にしても間違いではありません。しかし、問題に出てくる順序で式を立てていく方が、意味を理解しやすくなります。

## ⑥ ふえると　いくつ　38ページ

1 い
2 ① 4　② 8　③ 9　④ 10
3 しき　3＋2＝5　こたえ　5ひき
4 しき　2＋5＝7　こたえ　7こ
5（じゅんに）4、1、ぜんぶで

1「ふえるといくつ」の場面では、たされる数とたす数を反対にすると、問題の場面とは合わないので、正しい式とは言えなくなります。しっかり場面や図を整理して式を考えましょう。
2 まだ計算があやふやな場合は、式の下に●を書くなどして、考えるときの補助をしてもよいでしょう。
5「ふえるといくつ」の場面では、同じ場にある物をあわせている訳ではなく、後から増えた物をたすので、「ぜんぶで」という言葉を使います。

## ⑦ のこりは　いくつ　39ページ

1 い
2 ① 1　② 3　③ 4　④ 8
3 しき　3－2＝1　こたえ　1こ
4 しき　5－3＝2　こたえ　2こ
5（じゅんに）4、2、のこりは

1「7こから3こひいているね。」と、図に表した状況を確認して、それに合う式を探すようにしましょう。
3 4「のこりはいくつ」の場面では、はじめの数とへった数の2つの数からのこりの数が求められることを理解しましょう。おはじきなどで実際に手を使って操作すると理解しやすくなります。

## ⑧ ちがいは　いくつ　40ページ

1 う
2 ① 7　② 5　③ 1　④ 3
3 しき　4－1＝3　こたえ　3ぼん
4 しき　7－4＝3　こたえ　3かい
5（じゅんに）5、3、ちがいは

1「6こから3こひくと、ちがいは3こだね。」と確認しましょう。
3 4「ちがいはいくつ」の場面では、2つの数を並べて、その数の差を求める問題であることを確認しましょう。違いを求める場合は、大きい数から小さい数をひくことを意識すると、自然と立式できます。

## ⑨ 0と　いう　かず・0の　けいさん　41ページ

1 ① 3　② 1　③ 0
2 ① 0—1—2—3
② 0—2—4—6—8—10
③ 3—2—1—0
3 ① 3　② 0　③ 7
4 しき　4＋0＝4　こたえ　4かい
5 しき　5－5＝0　こたえ　0こ

1「1つもない」という「0」の意味を理解する問題です。0は「れい」と読むことにも慣れるようにしましょう。
3 0の計算では、0をたしたりひいたりしても、もう一方の数から数が変わらないことを確認しましょう。また、同じ数どうしをひき算すると、0になることも確認しましょう。

## ⑩ 20までの　かず　42ページ

1 ① 13　② 15
2 18
3 ① 12　② 19　③ 4　④ 10
4 ① 3　② 11　③ 18
5 ① 20　② 15
6 あ 12、×　い 14、○

2 絵に印をつけながら数を数えるとよいでしょう。10のまとまりにして○で囲むと、数え間違いが減ります。
3「10と2で12だね。」や「14は、10と4だね。」などのように、「10といくつ」を意識して、声に出しながら確認します。
4 数の線（数直線）を使った、数の順序の問題です。1つずつ数を順に唱えながら取り組んでもよいでしょう。
5 数の大きさの問題です。問題文の「おおきい」「ちいさい」の言葉をしっかり読んで答えましょう。

## ⑪ 20までの かずの けいさん　43ページ

1 10＋3＝13

2 ① 14　② 17　③ 19　④ 16

3 しき 16＋3＝19　こたえ 19にん

4 15－4＝11

5 ① 11　② 12　③ 10　④ 16

6 しき 18－4＝14　こたえ 14にん

1 図をよく見て、いくつの数からいくつの数が増える計算なのかを把握しましょう。

2 ①戸惑う場合は10個と4個の●をかいて、その2つをあわせるといくつになるかを考えてもよいでしょう。

4 基本的な考え方である十の位と一の位の数を分けて計算することを確認しましょう。

5 ①は4の図と同じように、13個のブロックから2個分を取ることを考えて計算してもよいでしょう。

## ⑫ なんじ・なんじふん　44ページ

1 ①

② 5じ

2 ① 9じはん　② 10じはん

3 ① 7じ　② 12じはん
③ 4じ　④ 6じはん

1 時計の文字盤や、5時ちょうどのときの長針と短針の位置を確認しましょう。

2 3 時計から時刻を読み取る問題です。短針を見ることで「何時」かがわかることを確認します。また、長針が12を指しているときは「何時」ちょうどで、長針が6を指しているときは「何時半」となることを押さえましょう。「●じはん」は「●じ30ぷん」と書いていても正解です。

## ⑬ ながさくらべ　45ページ

1 ① い　② い

2 い

3 よこ

4 ① う　② 3

1 絵を見て、どちらが長いかを直接比較して考えましょう。

2 3 直接比較ではなく、別の物を使って長さを比較する問題です。テープやカードの長さを見て考えましょう。

4 方眼の大きさがすべて同じなので、方眼の数がいくつ分かを数えて、それぞれの長さを比較しましょう。数えた数をメモして書いておくと考えやすいです。

## ⑭ ひろさくらべ　46ページ

1 ① あ　② い

2 い

3 ① あ 5　い 6　う 7
② う → い → あ

1 うんこハンカチの端をそろえたり、2枚を重ねたりして広さを直接比較して考えましょう。

2 うんこの形は違いますが、重ねるとあがすっぽり入るのでいの方が広いと言えます。

3 広さをますの数で比較する問題です。ますを数えるときは、数えもれや重複がないように印をつけるとよいでしょう。

## ⑮ かさくらべ　47ページ

1 ① あ　② い

2 ① あ 6　い 7
② （じゅんに） い、1
③ あふれる

1 ①は容器のかさを直接比較する問題で、②は一方の容器からもう一方の容器に水を入れて、かさを間接的に比較する問題です。容器の大きさなどに注目して、どちらの水のかさが多いかを考えましょう。

2 コップに水を移して、それが何杯分あるかという単位で水のかさを比較する問題です。同じ大きさのコップで、その数が多いほど、水のかさが多いということを確認しましょう。

## ⑯ 3つの　かずの　けいさん①　48ページ

1 しき　2＋3＋1＝6

2 ① 7　② 10　③ 15

3 しき　7＋3＋8＝18　こたえ　18かい

4 しき　6－3－2＝1

5 ① 3　② 3　③ 5

6 しき　13－3－7＝3　こたえ　3にん

1 3 3つの数を1つの式に表すたし算の問題です。絵や文章を読み取って、計算する数を取りこぼさないように気をつけましょう。

2 5 3つの数の計算では、基本的には左から順に計算していくことを確認しましょう。

4 6 3つの数を1つの式に表すひき算の問題です。絵や文章を読み取って、はじめの数から減っていく数がいくつかを正しく捉えられるようにしましょう。

## ⑰ 3つの　かずの　けいさん②　49ページ

1 しき　3＋5－4＝4

2 しき　4－3＋4＝5

3 ① 6　② 5　③ 8　④ 17

4 しき　7＋3－6＝4　こたえ　4にん

5 しき　12－2＋5＝15　こたえ　15こ

1 2 3つの数を1つの式に表す、たし算とひき算の混ざった問題です。出てくる数が多くなるので、絵や文章を丁寧に読み取って、たす数とひく数を間違えずに式が書けているかを確かめましょう。

3 ③「3＋2」から計算してしまうと、答えが4になってしまいます。必ず左から順に計算することを心がけましょう。

4 問題文をよく読んで、たすのかひくのかを考えます。「3にん　やって　きました」なのでたし算、「6にん　かえりました」なのでひき算となり、式は「7＋3－6」になります。

## ⑱ くりあがりの　ある　たしざん①　50ページ

1 あ 1　い 2　う 12

2 ① 11　② 12　③ 12　④ 16

3 あ 2　い 3　う 13

4 ① 15　② 11　③ 13　④ 17

1 くり上がりのあるたし算の問題です。はじめに、たす数の3を1と2に分けて、9と1で10を作りましょう。その後、のこりの2をたすことで考えやすくなります。

3 たす数の8の方が10に近いので、たされる数の5を2と3に分け、2と8で10を作ってから計算すると考えやすいです。

## ⑲ くりあがりの　ある　たしざん②　51ページ

1 ① あ 3　い 2　う 12

② あ 1　い 5　う 15

2

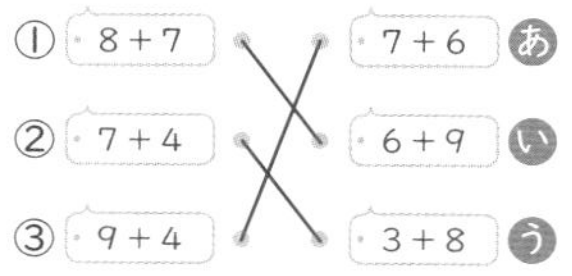


3 ① 14　② 12　③ 16　④ 14

4 しき　9＋3＝12　こたえ　12かい

5 しき　4＋9＝13　こたえ　13にん

1 たし算では、たされる数とたす数のどちらを分けて考えてもよいですが、10を作りやすい方を分けると計算しやすくなります。お子さまが理解しやすい方法で計算できるとよいでしょう。

## ⑳ くりさがりの　ある　ひきざん①　52ページ

1 あ 6　い 4　う 6

2 ① 6　② 9　③ 7　④ 9

3 あ 3　い 1　う 9

4 ① 8　② 9　③ 8　④ 4

1 くり下がりのあるひき算の問題です。はじめに、ひかれる数の12を10と2に分けて、10から6をひいて4にします。その後、4と残りの2をたすことで考えやすくなります。

3 ひく数が10と離れた小さい数の場合は、ひく数を分解して考える方法もあります。4を3と1に分けて、13からまず3をひきます。その後、10から1をひくと考えると、理解しやすくなります。

## ㉑ くりさがりの　ある　ひきざん②

53 ページ

1 ① あ 4　い 6　う 8
② あ 5　い 1　う 9

2 ① 17−9　② 14−7　③ 13−4
13−6 あ　17−8 い　15−7 う

3 ① 7　② 5　③ 9　④ 5

4 しき　14−5＝9　こたえ　9にん

5 しき　16−8＝8　こたえ　8こ

3 ひかれる数を10といくつかに分けて10からひくやり方と、ひく数を分けてひかれる数を10にするやり方の、どちらを使って計算しても構いません。丁寧に計算するようにしましょう。

## ㉒ 大きい　かず

54 ページ

1 ① 40　② 23

2 37

3 ① 60　② 74　③（じゅんに）8、2

4 あ 20　い 29　う 38　え 65　お 80　か 100

5 ① 100　② 69

6 ① 72　② 120

3「10が6こで、60だね。」「82は、10が8こと、1が2こだね。」などのように、「10のまとまり」を意識して、声に出しながら確認しましょう。

6 数の大小の問題です。まずは、それぞれの大きな位の数の大小を考えるとよいでしょう。3つの数を一度に考えにくい場合は、となり合う数の大小から考えましょう。

## ㉓ 大きい　かずの　けいさん

55 ページ

1 しき　20＋20＝40　こたえ　40まい

2 しき　50＋9＝59　こたえ　59こ

3 ① 80　② 70　③ 87　④ 100

4 しき　30−10＝20　こたえ　20まい

5 しき　77−7＝70　こたえ　70こ

6 ① 40　② 60　③ 60　④ 50

1 何十の計算です。10のまとまりがいくつあるかを考えて、あわせると10のまとまりが4個あることを確認しましょう。

2 50を10が5個のまとまりとして、そこに端数（9）をたすことで求められます。

4 10のまとまりがいくつあるかを考えて、のこった10のまとまりが2個であることを確認しましょう。

5 77を10が7個のまとまりと端数（7）に分けて考えます。

## ㉔ なんじなんぷん

56 ページ

1 ① 7じ10ぷん　② 11じ15ふん
③ 4じ54ぷん　④ 8じ46ぷん

2 ①　②　③

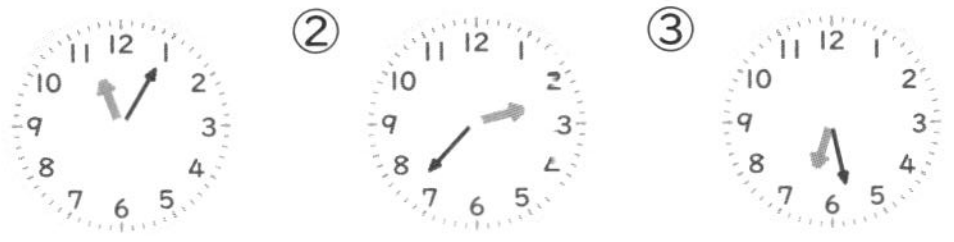

3

1 何時何分を読み取る問題です。長針は1目盛りが1分を表していることを復習しましょう。まずは10分や15分など、区切りとなる時刻を読み取れるようにしましょう。その区切りを基準に1目盛りずつ数えることで、54分などの半端な時刻も読み取れるようになります。

2 すでに短針がかかれた時計です。指定された時刻をよく確認して、短針よりも長く長針をかくようにしましょう。

## ㉕ ずを　つかって　かんがえよう①

57 ページ

1 しき　4＋6＝10　こたえ　10人

2 しき　11−5＝6　こたえ　6人

3 しき　5＋7＝12　こたえ　12人

4 しき　13−7＝6　こたえ　6人

1「前から4番目」という文から、「前から数えて自分を含めて4人いる」と考えます。そうすると、4人と後ろの6人をあわせると、全部で10人並んでいることが求められます。

2 全体の数がわかっていて、自分が前から何番目にいるかもわかっているときの、後ろの人数を求める問題です。図にすることで、状況がよくわかるようになります。

3 2つの数の差と、小さい方の数がわかっており、そこから大きい方の数を求める問題です。図を使うことで、たし算で考えることが捉えやすくなります。

4 2つの数の差と、大きい方の数がわかっており、そこから小さい方の数を求める問題です。図を使うことで、ひき算で考えることが捉えやすくなります。

## ㉖ ずを　つかって　かんがえよう②
58ページ

1 しき　12－6＝6　こたえ　6人

2 しき　14－9＝5　こたえ　5人

3 しき　3＋1＋4＝8　こたえ　8こ

4 しき　15－7＝8　こたえ　8人

1 全体の数がわかっていて、自分が後ろから何番目にいるかがわかっているときの、前にいる人数を求める問題です。図にすることで、状況がよくわかるようになります。

2 図で6年生14人と1年生9人がペア（2人1組）になることで何人残るかが、わかりやすくなります。

3「白いうんこ」を基準に、前に赤いうんこが3個、後ろに青いうんこが4個並んでいます。問題は、うんこが全部で何個あるかを求める問題なので、「白いうんこ」が1個あることを忘れないことが大事です。図にすることで、3つの数の計算で求められることを確認しましょう。

4 2つの数をあわせた全体の数がわかっていて、一方の数もわかっているときの、残りの人数を求める問題です。図にすることで、比較がしやすくなることを確認しましょう。

## ㉗ いろいろな　かたち
59ページ

1

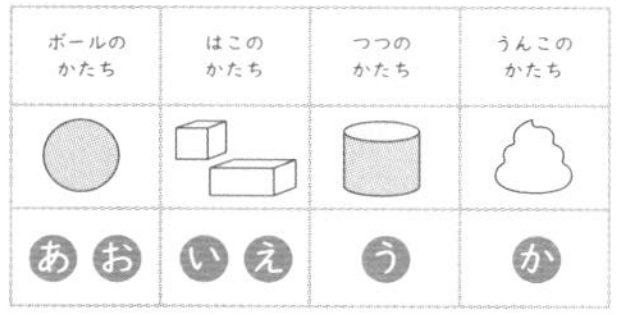

ボールのかたち
はこのかたち
つつのかたち
うんこのかたち
あ お
い え
う
か

2 …2　…5　…2　…1

3 あ 4　い 8　う 6　え 4

4 あ 10　い 8

1 身の回りにある物の形の特徴を考える問題です。色や大きさに捉われず、形だけに着目しましょう。あ～かの形を、すべて仲間分けして書くことに気をつけましょう。

3 色板が何枚使われているかを考える問題です。同じ「さんかく」の色板を2枚使うと、「しかく」が作れることを確認しましょう。

## ㉘ おなじ　かずずつ　わけて　くばろう
60ページ

1 ① 3　② 3　③ 6

2 ① あ 4　い 5

② 4＋4＋4＝12

1 6こをいろいろな配り方で分ける問題です。分け方を考えることで、かけ算やわり算につながる考え方を学習できます。図をもとにして答えを考えてもよいでしょう。

2 決められた数がいくつに分けられるかという問題です。最後にたし算に表して確かめましょう。

## ㉙ さんすう　そうしあげ①
61ページ

1 　または　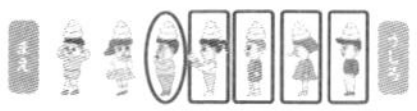

2 ① 30　② 20

3 ① 8　② 3　③ 14　④ 17

4 ① 6じ　② 2じはん

5 しき　8＋9＝17　こたえ　17人

6 しき　16－8＝8　こたえ　8こ

7 う

前半の内容をまとめた総仕上げ問題です。

4 何時・何時半を確かめるときに、長針の場所でわかることをもう一度押さえておきましょう。「10じはん」は「10じ30ぷん」でも正解です。

5 くり上がりのあるたし算の文章題です。たす数かたされる数のどちらかを分けて、10を作って計算しましょう。

6 くり下がりのあるひき算の文章題です。これまでの学習内容をもとにして、ひかれる数かひく数を分けて考えながら計算すると解きやすいでしょう。

## ㉚ さんすう　そうしあげ②
62ページ

1 あ

2 い

3 ① 11　② 16　③ 5　④ 8　⑤ 17

4 あ 70　い 85　う 100

5 ① 90　② 87　③ 50　④ 80

6 ① 1じ45ふん　② 5じ6ぷん

7 しき　5＋1＋7＝13　こたえ　13人

後半の内容をまとめた総仕上げ問題です。

3 ⑤左から順に計算することを心がけましょう。

5「10のまとまり」を考えて計算します。②「7＋80」を「70＋80」と間違えないように気をつけましょう。

6 短針がどの数字の間を指しているのかに注目しつつ、長針の位置で何分かを確認しましょう。目盛りの位置を見間違えないよう気をつけましょう。

7「わたし」を基準に、前に5人、後ろに7人並んでいます。並んでいる人数が全体で何人であるかを求める問題なので、「わたし」が1人いることを忘れず、1つの式にして、答えを求めましょう。

# せいかつ

## ① がっこうを　たんけんしよう！　63ページ

1 あ しょくいん（しつ）　い こうちょう（しつ）
う おんがく（しつ）　え としょ（しつ）

2 ①―か
②―お

3 ①―さ
②―す
③―し
④―せ

学校にはさまざまな場所があります。まだ行ったことがない場所があったら、先生に話して行ってみてもよいでしょう。また、その場所で働いている人のことを考えることも大事です。場に合った挨拶の言葉についても考えましょう。

## ② つうがくろを　たんけんしよう！　64ページ

1 ① え　② お

2 すなば、てつぼう

3 ①―く
②―き
③―こ
④―か
⑤―け

通学路にある建物やそこで働く人などについて考えましょう。また、通学中に気をつけることについてもしっかり確認しましょう。

## ③ はると　なつの　こうえんで　みつけよう！　65ページ

1
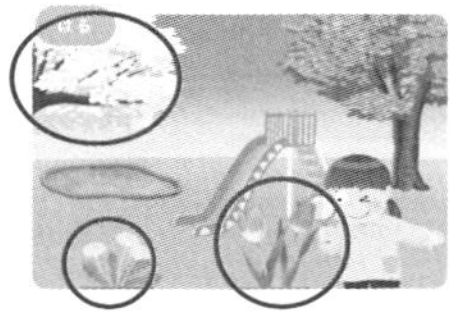

2 ①―い
②―あ
③―う

3
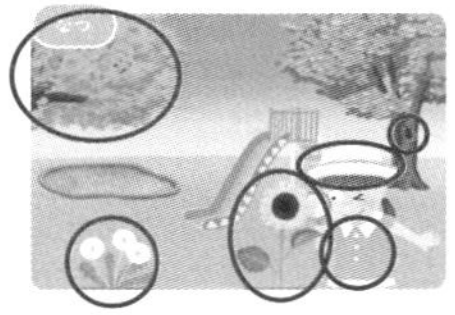

4 （じゅんに）サクラ、わたげ、ヒマワリ

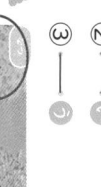

春と夏の季節に見られる、虫や植物などについて考えましょう。タンポポの花が綿毛になったところなどを見たことがない場合は、いつ頃見られるかなどを先生や周りの大人に聞いてみましょう。

## ④ あきと　ふゆの　こうえんで　みつけよう！　66ページ

1
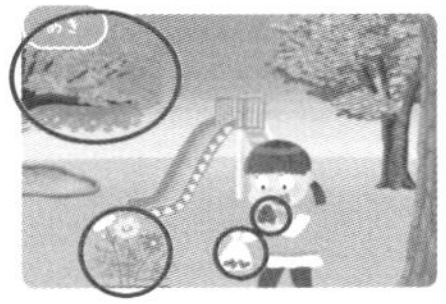

2 カエデ、イチョウ

3 スズムシ、アキアカネ

4
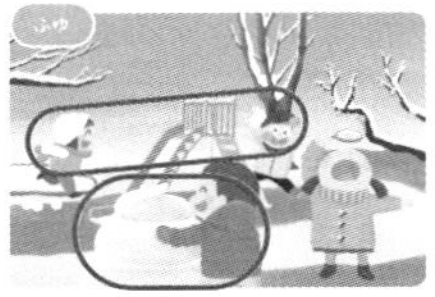

5 ①―い
②―う
③―あ

秋と冬の季節に見られる、虫や植物などについて考えましょう。冬ならではの雪遊びは雪が降らないとできないことなので、体験していない場合は、先生や周りの大人にどんな遊びか聞いてみてもよいでしょう。

## ⑤ じぶんで　できるよ！　67ページ

1 （１つでも○がついたらせいかい）

2 あ、い、え

3 （じゆうかいとう）
れい…トイレをきれいにつかうこと。

１年生になってから、手洗い・うがいなどの身の回りのことで、自分でできることがさらに増えてきたことでしょう。できていないことはチェックして、できるようにしていきましょう。

## ⑥ もうすぐ　２年生！　68ページ

1 （１つでも○がついたらせいかい）

2 （じゆうかいとう）れい…学校の中でまいごになっていたらたすけてあげたい。

3 （１つでも○がついたらせいかい）

4 （じゆうかいとう）
れい…•せんたくものがたためるようになった。
•かん字がかけるようになった。

２年生になる前に、１年生でできるようになったことや、１年生になって困ったことを思い出し、次に入学する新１年生にしてあげたいことを書きましょう。

できたね！ボードの答え
これで きみも、ブリッと
まんてんじゃ！

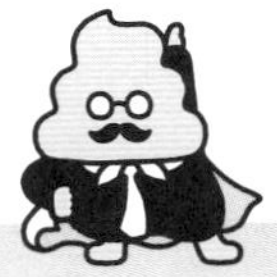

うんこ コミックス UNKO COMICS
おはよう！うんこ先生
原作：古屋雄作
漫画：水野輝昭
発売中!!
第1話をまるごと読めるのじゃ！
今日から
うんこが担任に!?
新しく担任になるうんこ先生です
みんな早くなれるように～
みなさんよろしくですじゃ
校長
無理!!!!
おつかれさまですじゃ
まともな先生がいねエ――ッ!!
もういいよ！絶対ふざけてるこのバカうんこ!!
ちょちょちょ
ドドドドドド
どうなる
僕らの6年2組！
近くに本屋がなければコチラ！
価格（本体505円+税）
ISBN 978-4-86651-279-2
UNKO COMICS
おはよう！うんこ先生 1
原作：古屋雄作
漫画：水野輝昭
次のページから記念すべき第1話をお読みいただけます！

# 読《よ》む順番《じゅんばん》

矢印《やじるし》の順番《じゅんばん》に読《よ》んでください

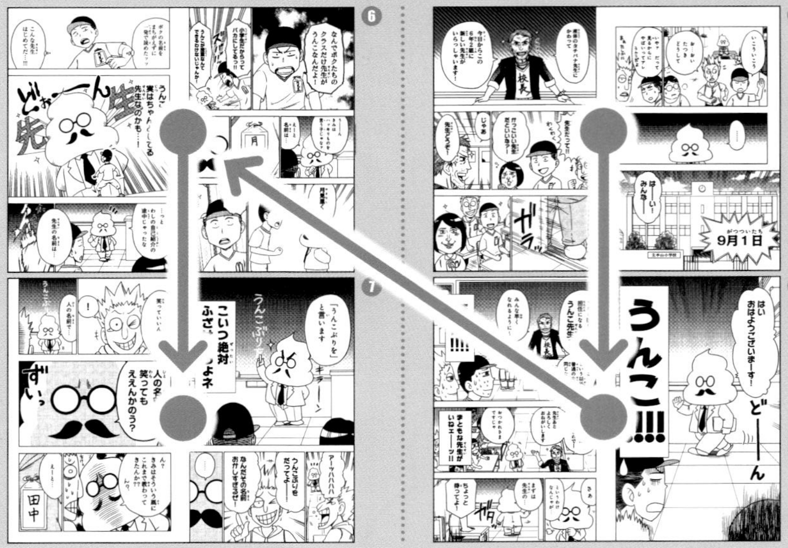

↓ではここから！『おはよう！うんこ先生《せんせい》』第《だい》1話《わ》 スタートです！

1

2

3

4

9月1日《がつついたち》
主手山小学校
はーーい！
みんなー
……
いこういこう
お…おい
たつき
どうして
いやァ　だって
見《み》るからに
やばいってアレ
うんこだよ
まぁ　たしかに
産休《さんきゅう》のタチバナ先生《せんせい》に
かわって
イケメン
今日《きょう》からこの
6年《ねん》2組《くみ》に
新《あたら》しい先生《せんせい》が
いらっしゃいます！
校長
おっ！
新《あたら》しい
先生《せんせい》だって!!
わくわく
かっこいい先生《せんせい》
だといいなァー
じゃあ
先生《せんせい》どうぞ！
ガラッ

5

はい
おはようございまーす！
どーーーん
うんこ!!!!
こちら新《あたら》しく
担任《たんにん》になる
うんこ先生《せんせい》です
うんこ
という以外《いがい》は
普通《ふつう》の先生《せんせい》と
同《おな》じなので
みんな早《はや》く
なれるように～
みなさん
よろしくですじゃ
無理《むり》!!!!
じゃあ私《わたし》は
日焼《ひや》けサロンに
行《い》くのでこれでー
先生《せんせい》あと
よろしく
おねがいします
おつかれさま
ですじゃ
まともな先生《せんせい》が
いねェーーーッ!!
さぁ
というわけ
なんじゃが…
まずは
先生《せんせい》の…
ガタッ
ちょっと
待《ま》ってよ！

6

なんでボクたちの
クラスだけ先生《せんせい》が
うんこなんだよ！
小学生《しょうがくせい》だからって
バカにしてるっ!!
ズバババッ
うんこが授業《じゅぎょう》なんて
できるわけないじゃんか！
うーーん
きみは
ハッキリものを
言《い》う子《こ》じゃなァ
えーと
名前《なまえ》は…
月見里
月見里《やまなし》くんか
…！
ボ…
ボクの名前《なまえ》を
まちがえずに
一発《いっぱつ》で読《よ》めたッッ
こんな先生《せんせい》
はじめてだ…!!!
どぉーーん
先生
うんこだけど
実《じつ》はちゃんとしてる
先生《せんせい》なのかも…！
…っと
わしの自己紹介《じこしょうかい》の
途中《とちゅう》じゃったな
先生《せんせい》の名前《なまえ》は…
カッ
カッ

7

「うんこぶりを」
と言《い》います
キラーン
うんこぶりを
こいつ絶対《ぜったい》
ふざけてるよネ
笑《わら》っていいんかのう
！
人《ひと》の名前《なまえ》で…
うんこぶり
人《ひと》の名前《なまえ》で
笑《わら》っても
ええんかのう?
ずいっ
アーッハハハハ
うんこぶりを
だってよーー！
なんだその名前《なまえ》
おかしすぎるぜ！
……
ん?
きみはそういう風《ふう》に
これまで教《おそ》わって
きたんか??
ん?
ちけェ
えーと…
田中

8
田中《たなか》くん…
ブブッ
ふつう!!!
ぶばっ
たなかて!!
失礼《しつれい》な奴《やつ》だな!!!
ところで
きみたちは…
コホン
昨日《きのう》わしに
ウソをついたのう
?
このあたりに
主手山《おてやま》小学校《しょうがっこう》
という学校《がっこう》は
ないかのう
あ
ハッ
そういえば……!!
そんな
学校《がっこう》
知らないなァ
えっ
わしが困《こま》っとったのに
学校《がっこう》の場所《ばしょ》を
教《おし》えてくれんかった…
困《こま》っとる人《ひと》には
親切《しんせつ》にせんと
いかんじゃろ?
だ…だって
怪《あや》しかったからだよ!!
どーん
あんなとこに
うんこなんか座《すわ》ってたら
逃《に》げるに決《き》まってるじゃん!!!
!!
あ…あやしい…
ぷる
わしが…
ぷる

9
ただうんこって
だけじゃろ…???
ガーーン
それで十分《じゅうぶん》だ!!!!!
うーむ
どうも日本《にほん》は
遅《おく》れとっていかん
ぶりっ
もう海外《かいがい》では
人《ひと》とうんこは半々《はんはん》
くらいなんじゃが…
ピキキッ
さらっと
うそをつくな!!!
まぁええ!!
とにかくわしはうんこじゃが
ちゃんとした先生《せんせい》なのじゃ!!
わしが担任《たんにん》に
なったからには…
きみらを
ぶ
ナンバーワンに
しちゃうのじゃぞい!!!!
くるっ
ナ…
ナンバー
ワン…!!!
本当《ほんとう》に…??
もちじゃッ!!
わしには
見《み》えるぞい!
きみらが
この町《まち》…いや!
この県《けん》…いや!
この日本《にほん》で
ナンバーワンの…

10
おすもうさんに
なっとる姿《すがた》が!!!!
ワー ワー
たっき
なぜ!!!!!!?
もういいよ!
絶対《ぜったい》ふざけてる
このバカうんこ!!
ドドドドド
ちょちょちょ
ふつうの先生《せんせい》がいいよ!
校長先生《こうちょうせんせい》に言《い》いに行《い》こう
ゾロゾロ
待《ま》ってくれ
待《ま》ってくれい!!
わしを先生《せんせい》として
認《みと》めるかどうか…
これを
見《み》てから判断《はんだん》して
ほしいのじゃ!
ぐ…
ふつうの
先生《せんせい》には…
絶対《ぜったい》にこんなこと
できんぞい!!
ぐ…
ぐぐ…
おおお~~~!!!

11
ぼわんっ
ひげ濃《こ》くなった
だけ~~~~ッ
!!!?!
そしてキモイ!
ハァ ハァ ハァ ハァ ハァ ハァ
UPを
つかいすぎた…
バタリ
しかもなんか
死《し》にかけてる!!!!
ちぇっ
なんだよ
変身《へんしん》でもするのかと
思《おも》ったじゃん
それなら
ちょっと面白《おもしろ》かった
のに!!
オレもビーム光線《こうせん》とか
出《で》るのかと思《おも》ったぜ
出《で》るわけ
ないでしょ!
バカばっかね
ゴワッ
変身《へんしん》と
ビームくらい
なら…
……

12

ブワーン!!
うんこ
ビュッ
どかあん
こんなんでええなら…
ひゅん…

13

キラ キラ キラ キラ キラ キラ
バカ男子《だんし》!!!
もうっ!何《なに》してるのよ!!
ペシコン
てっ!
ペシコン
ふり
いかんいかん なんかペースにハメられてる!
ふり
……
えッ!?
だ…だって先生《せんせい》だろ!? 先生《せんせい》はちゃんとしてて
ボクたちに勉強《べんきょう》を教《おし》えるのが仕事《しごと》だ!
ふーむそうか 先生《せんせい》ってちゃんとしとらんとダメかいな?
当《あ》たり前《まえ》だろ!
絶対《ぜったい》おかしい!
こんなふざけてる先生《せんせい》ダメだよ!
……
何《なん》で先生《せんせい》がふざけてたら
いかんのじゃ?
ぷり

14

「先生《せんせい》とはこうでないと―」
「勉強《べんきょう》はまじめにやらないと―」
「男《おとこ》は強《つよ》くないと―」
「女《おんな》はお料理《りょうり》ができないと―」
誰《だれ》がそんなの決《き》めたんじゃ?
もともとそんなルールないのに…
勝手《かって》に息苦《いきぐる》しくしとらんかい?!!
「みんながこう言《い》うから」じゃなくて自分《じぶん》の頭《あたま》で考《かんが》えてみること
わしはそれが一番大事《いちばんだいじ》だと思《おも》うぞい!
先生《せんせい》…!!
たしかにそうだ ボクたちはいつのまにか 大切《たいせつ》なことを 忘《わす》れていたのかもしれない!
なんか…うんこが先生《せんせい》でもいいような気《き》がしてきたよ!
気軽《きがる》に「うんこ先生《せんせい》」と呼《よ》んでくれい
うんこ先生《せんせい》ー!!
ありがとなのじゃ!
では…
コホン
さっそくじゃが授業《じゅぎょう》を始《はじ》めてもええかの
うん!!
ほんじゃ最初《さいしょ》の授業《じゅぎょう》は…

15

すもうじゃ!!
なんでなの!!!!!
がっぷり
すもうをとりながらボクは思《おも》った…
ズッ
次《つぎ》はわしが相手《あいて》じゃ
この先生《せんせい》うんこだけど…
いちについて
いやそれ別《べつ》の競技《きょうぎ》!
ど――ん
けっこう面白《おもしろ》いかも!
〈おはよう!うんこ先生《せんせい》・第《だい》1話《わ》/おわり〉

#うんこ コミックス UNKO COMICS 発《はつ》売《ばい》中《ちゅう》!!!

近《ちか》くに本屋《ほんや》がなければQRコードからアクセス!

## 走れ!ウンコオー

浦田カズヒロ 定価（本体505円+税）

ISBN 978-4-86651-456-7

「競《けい》うん」それは自分《じぶん》のうんこに乗《の》って競《きそ》うレース!!

ISBN 978-4-86651-280-8

▼走れ!ウンコオー

## おはよう!うんこ先生

原作：古屋雄作 漫画：水野輝昭 定価（本体505円+税）

ISBN 978-4-86651-279-2

あの「うんこドリル」のうんこ先生《せんせい》の爆笑《ばくしょう》ギャグ漫画《まんが》!!

ISBN 978-4-86651-455-0

▼おはよう!うんこ先生

クリアファイル

# うんこドリルセット購入者限定！

学習に役立つ

# 特別ふろく付き

したじき

シール付
うんこノート

⬇ ご購入は各QRコードから ⬇

## 小学1年生

### 漢《かん》字《じ》セット

**漢字セット 2冊**

かん字／かん字もんだいしゅう編

### 算《さん》数《すう》セット

**算数セット 3冊**

たしざん／ひきざん
文しょうだい

### オールインワンセット

＼全部入り！／

**オールインワンセット 7冊**

かん字／かん字もんだいしゅう編
たしざん／ひきざん／文しょうだい
アルファベット・ローマ字／英単語

## 小学2年生

**漢字セット 2冊**

かん字／かん字もんだいしゅう編

**算数セット 4冊**

たし算／ひき算／かけ算
文しょうだい

**オールインワンセット 8冊**

かん字／かん字もんだいしゅう編
たし算／ひき算／かけ算／文しょうだい
アルファベット・ローマ字／英単語

## 小学3年生

**漢字セット 2冊**

漢字／漢字問題集編

**算数セット 4冊**

たし算・ひき算／かけ算
わり算／文章題

**オールインワンセット 8冊**

漢字／漢字問題集編／たし算・ひき算
かけ算／わり算／文章題
アルファベット・ローマ字／英単語

※セットによって特別ふろくの内容は異なります。

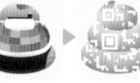

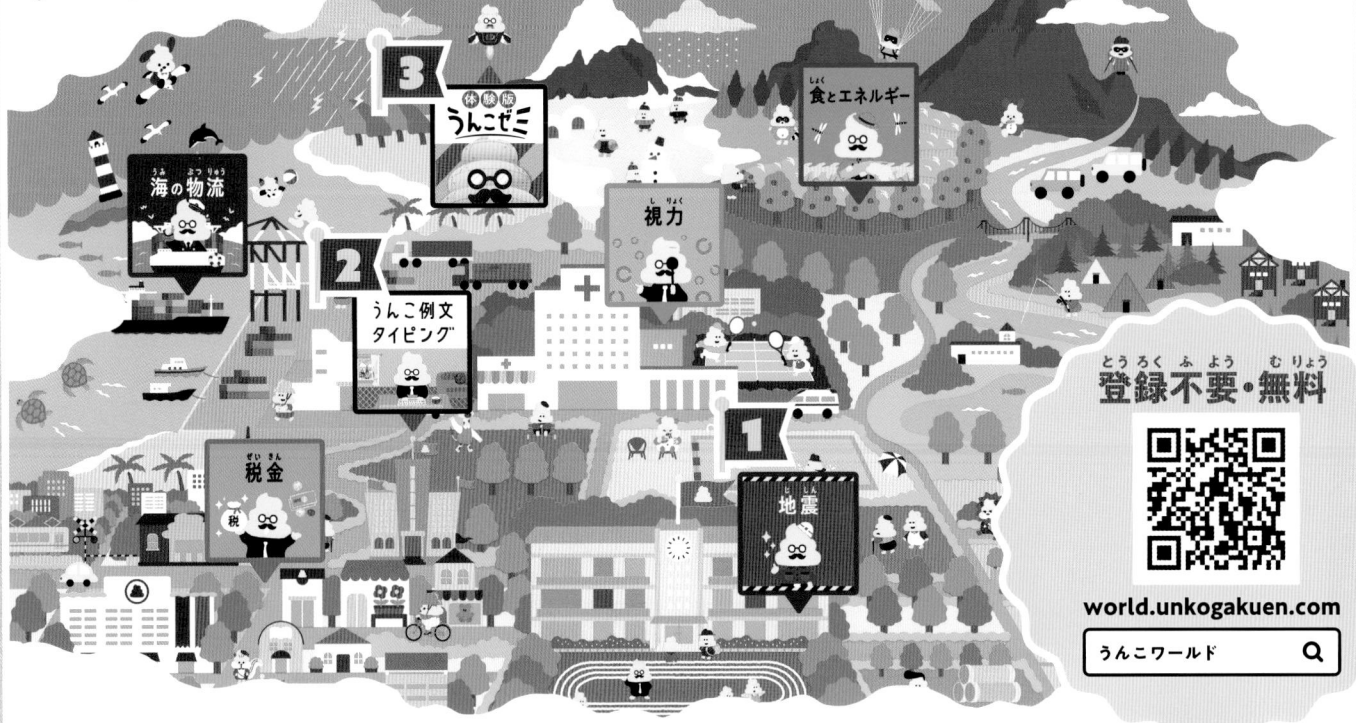

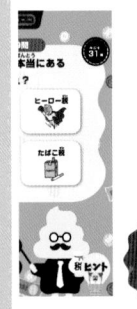

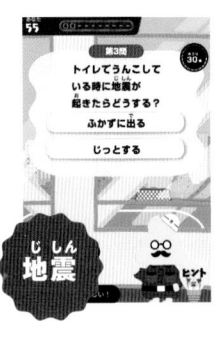

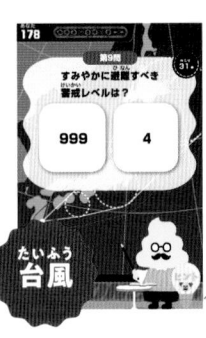

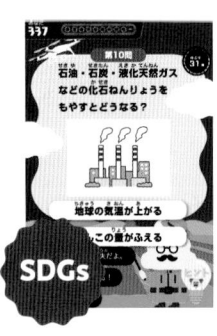

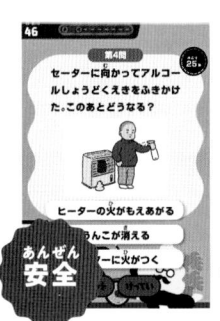

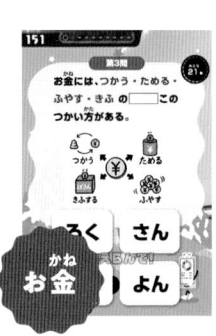

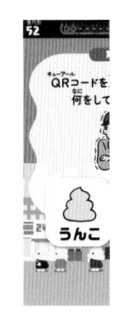

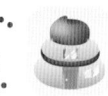

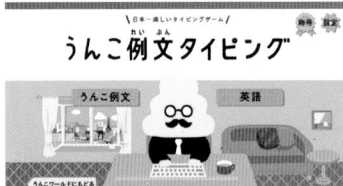

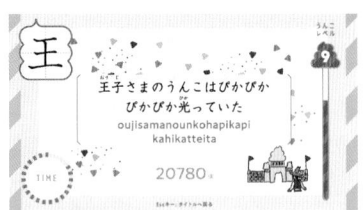

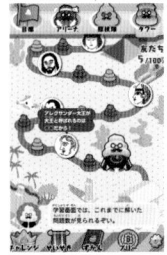

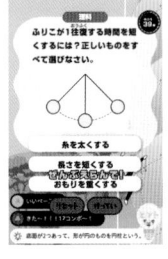

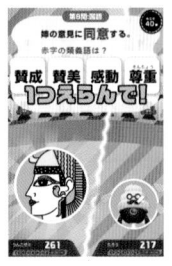